杨坤 主编

高效率学习
训练技术

优秀案例选编（一）

吉林大学出版社

·长春·

图书在版编目（CIP）数据

高效率学习训练技术优秀案例选编. 一 / 杨坤主编
. -- 长春：吉林大学出版社，2020.9
ISBN 978-7-5692-7320-5

Ⅰ. ①高… Ⅱ. ①杨… Ⅲ. ①学习方法 Ⅳ.
①G791

中国版本图书馆CIP数据核字(2020)第200449号

书　　名：高效率学习训练技术优秀案例选编（一）
　　　　　GAO XIAOLÜ XUEXI XUNLIAN JISHU YOUXIU ANLI XUANBIAN (YI)

作　　者：杨　坤　主编
策划编辑：殷丽爽
责任编辑：殷丽爽
责任校对：张宏亮
装帧设计：刘　瑜
出版发行：吉林大学出版社
社　　址：长春市人民大街4059号
邮政编码：130021
发行电话：0431-89580028/29/21
网　　址：http://www.jlup.com.cn
电子邮箱：jdcbs@jlu.edu.cn
印　　刷：吉林省创美堂印刷有限公司
开　　本：787mm×1092mm　　　1/16
印　　张：16.75
字　　数：300千字
版　　次：2021年1月　第1版
印　　次：2021年1月　第1次
书　　号：ISBN 978-7-5692-7320-5
定　　价：66.00元

编辑委员会

我们行走在
帮助学生提高成绩的路上

弹指十年，《国家中长期教育改革和发展规划纲要（2010—2020年）》以下简称《纲要》即将结束，回望《纲要》中关于"过重的课业负担严重损害儿童少年身心健康。减轻学生课业负担是全社会的共同责任，政府、学校、家庭、社会必须共同努力，标本兼治，综合治理。把减负落实到中小学教育全过程，促进学生生动活泼学习、健康快乐成长"的目标，这是古今历史从来没有过的国家级层面对繁重的课业做出的规定和要求，今天看，我们完成多少？这种现象又改变了多少？

走近学生，真实了解他们的实际情况，我们就会发现，一个严峻的现实摆在面前，校园内的"减负"有了成效，家长的焦虑却增加了，在"都是为了孩子好"的背后，是家长不断地"加负"，这种以牺牲孩子身心健康，危害民族未来发展为代价的"加负"，却仍然达不到家长、学生所期待的学习效果。

我们也不得不追问：是学生的课业负担重，导致的学习效率低、学习成绩差？还是学习效率低，导致学生课业负担重，影响了学生学习成绩的提高？

对这一重大教育实践问题，大量的专家和学者进行了不懈的研究与尝试，其中沈德立教授领导的教育部人文社会科学重点项目"高效率学习与信息加工"课题研究发现：目前我国中小学生中，有60%的学生认为自己的学习效率一般，如果减轻学生学习负担只是从表面上去减少学生的课业负担，显然没有触及问题的实质。真正的减轻学生的学习负担，必须提高学生的学习效率。

沈德立教授及其课题组认为，高效率学习是指学生学习过程中，根据知识的内在联系、按照科学的规律进行学习，以最小的投入取得最大的成效。其特征为：学习速度快、学习方法科学、学习策略恰当、学习质量高和学习有乐趣。并在实验基础上构建了高效率学习的信息加工模型，即在知识呈现符合学生认识规律的情况下，选择性注意是实现高效率学习的前提；元认知是高效率学习的监控系统；学习策略是实现高效率学习的保障；非智力因素是高效率学习的动力源泉；内隐认知，特别是内隐学习能力是高效率学习的特殊形式。课题组提出，单纯的心理辅导和咨询，对厌学引起的学习效率低，通过干预效果不能彻底解决学生的高效率学习问题。研究成果为开展高效率学习的探索与实践提供了方向和科学有力的理论支撑。

我们从学习的必要条件以及发生的心理机制，不断探索与反复实践，总结出一套切实可行的训练课程——高效率学习训练技术。高效率学习训练技术把学生学习和成长的过程，比作一棵树的成长过程一样，从树根、树干、树枝、树叶等机体运行的调整，到连接外部成长条件的风雨、阳光与气候等外界环境的修通，都能在学生的学习整合成长中起到支持与辅助作用。

高效率学习训练技术大庆基地主任杨坤老师（现任西南科技大学城市学院心理教师），三年来，带领大庆地区高效率学习训练师团队，在大庆、昆明、成都、绵阳等地不同层次的学校中，开展高效率学习训练技术的应用和实践，取得了显著的成效。不同学业水平和不同学习状态的学生，经过高效率学习训练，学生的学习状态、学习行为和学习成绩均取得较大的改变与提高。更令人可喜的是，通过高效率学习训练的学生，不但学习效率提升了，考试分数提升了，更重要的是学生的心理素质也得到大幅度的提升，为学生健康快乐成长增添了一双隐形的翅膀。

在杨坤老师的带领下，学员们将高效率学习训练技术广泛运用在学生学习效率的提高上，取得了很好的效果，为展示学习带来的改变及让更多的人了解高效率学习训练技术，本书选取了部分有代表性的辅导个案结集出版，是为了让广大教育工作者和家长们通过对本书不同个案的了解，看到学生学习问题的真正原因，找到真正帮助学生轻松愉快学习提升成绩的有效方法，给正在孜孜奋斗的一线教师、努力拼搏的学子、焦灼辛苦的家长燃起新的希望，放飞孩子们学习的梦想。同时个案集结整理出版，也给实践中的高效率学习训练师提供了借鉴与参考，以提升他们高效率学习训练技术的实战技能。

在此，特别对杨坤老师带领的大庆高效率学习训练师团队的辛苦付出和取得的显著成绩表示感谢和祝贺，希望再接再厉，大胆实践，不断总结，不断精进，让高效率学习训练技术不断发扬光大，造福更多的家庭和孩子！

高效率学习训练技术创始人：胡宝伟

2020年9月5日

目　录

第一模块

情绪调节技术

1-1案例：

一例高中学生不良情绪辅导的案例报告

【摘要】本案例主要运用高效率学习训练技术和认知行为疗法，针对一例高中学生抑郁情绪而影响学习的案例进行心理辅导的报告。通过心理辅导，该学生的抑郁情绪明显缓解，人际交往能力和学习效率均有所提高，基本达到了心理辅导的预期目标。

【关键词】高效率学习训练技术　认知行为疗法　情绪调理

一、个案基本信息

刘某，男，汉族，16岁。大庆市人，某高中一年级学生，独生子，身高体态正常，无重大躯体疾病，家族无精神疾病史。刘某在小学阶段和父母一起生活，但因为父母忙于工作，没有太多时间陪伴他；进入初中以后父母到外地工作，两三个月才能回来一次，刘某便由姥姥照顾。进入高中不久，因为一些原因，姥姥到外地的舅舅家生活，刘某住进了学校宿舍，只有周末才回家。父母仍然是两三个月才回一次家，平时只是打电话关心一下他的生活和学习，交流仅仅限于"有没有吃饭""要好好学习"之类的问题。刘某来咨询时，自知力完整，语言表达清晰流畅，情感表达自如一致，但情绪低落，郁郁寡欢，自我评价低，没有食欲，自觉精力不足。社会功能略有影响，情绪消沉烦躁，人际交往有回避倾向，学习效率受到影响。

二、个人陈述

大约20几天以来，心情非常不好，感到特别孤独，没有人陪伴，都不理解自己。看到别的同学有爸爸妈妈陪伴，受到无微不至的照顾，非常羡慕。周末回到家，自己一个人孤零零的，觉得自己很可怜，一整天都躺在床上，什么都不想干，只有饿得实在受不了的时候，才会外出买点吃的。最近也不愿意和同学交往，自觉人际交往能力弱，而且同学之间的关系也没有那么美好，也有很多矛盾。好在自己的学习成绩还不错，老师对自己挺好，也没有同学欺负自己。但做题时有时心烦，特别是做化学练习册的时候心烦难耐，要过好一会儿才能进入学习状态。自己也想提高学习成绩，也理解父母工作辛苦很不容易，希望自己的学习能好起来。

三、他人反映

（一）心理辅导老师观察：刘某穿着校服，头发长度适中，比较整洁干净。在交谈时很少和老师对视，一般都低着头，偶尔看老师一眼，有时搓着手，语速较慢，声音较低，表情郁郁寡欢。

（二）班主任反映：该生性格有些内向，比较懂事，学习刻苦认真，成绩在班级一直很好。以前成绩不太好的时候，班主任一直鼓励他，在他自己的努力下，有段时间成绩进步非常快。

四、评估与诊断

（一）初步诊断为消沉烦躁情绪困扰的一般心理问题。

（二）诊断依据

1.由现实事件引起：因为父母长期不在身边，缺少关怀，尤其是周末一个人生活，倍感孤独冷清。

2.时程短：不良情绪持续20多天。

3.有不良情绪反应，但在理智控制之下，始终保持行为不失常态，基本维持正常学习、生活，没有社会功能受损。

4.不良情绪的激发因素仅局限于最初事件，情绪反应尚未泛化。

（三）鉴别诊断

1.该学生知情意统一，主观感受与客观实际相一致，个性稳定，对自己的心理问题有自知力。没有幻觉、妄想等精神病性症状，可以排除精神病性障碍。

2.该学生的情绪反应由现实情境引发，没有泛化。情绪持续时间短，社会功能受影响不是很大，可以排除神经症性心理问题和严重心理问题。

（四）来访者问题的原因分析

1.生物因素：该来访者性格内向，不善于交际。

2.社会因素：

（1）生活事件：长期缺少父母的陪伴，缺少理解和关怀。

（2）社会支持系统不利：长期缺少父母的陪伴，父母打电话只是关心吃穿和学习，缺少关爱。缺少知心朋友，同伴的理解和支持很少。

3.心理因素：

（1）个性因素：个性偏向内向，不太擅长处理人际关系，情绪的自我调节能力尚未完善。

（2）认知原因：认为缺少父母的陪伴是可怜的，没有看到自己在自我管理和生活自理方面的能力。

五、辅导目标的制订

根据以上的评估与诊断，与来访者协商，确定以下辅导目标：

1.缓解来访者的不良情绪，使其以积极的情绪状态投入到学习和生活之中。

2.调整认知方式，改变其有关独立生活、人际交往等方面的信念。

3.帮助来访者塑造高效率的学习状态：

（1）提高来访者学习的专注力，使来访者学习时感到注意力集中，精力充沛，热情饱满。

（2）塑造来访者化学学习的高效状态，使来访者感到化学学习时充满信心，注意力集中，心情轻松，化学学习成绩有所提升。

4.帮助来访者完善个性，健全人格，能够辩证看待问题，增强自信、人际交往能力和社会适应能力。

六、辅导方法及原理

（一）辅导方法及原理

1.高效率学习训练技术

高效率学习训练技术是由中国高效率研究院研发的一项心理训练技术，该技术以心理学、教育心理学、心理辅导等为背景，把学生在学习

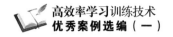
中的情绪、目标、专注力、家庭正能量、考试焦虑等几个方面的重要因素进行实践化的操作与训练，让学生在轻松愉悦中达到高效率的学习状态，让学生真正从学习的繁忙中解脱出来。

2.认知行为疗法

认知行为治疗是20世纪60年代发展出来的一种有结构、短程、认知取向的心理治疗方法，主要针对抑郁症、焦虑症等心理疾病和不合理认知导致的心理问题进行干预。主要着眼点，放在患者不合理的认知问题上，通过改变患者对自己、对他人或对事物的看法与态度来改变心理问题。

（二）辅导安排

辅导时间：每周2次，每次50分钟，共6次。

七、辅导过程

（一）辅导大致分为以下阶段：

1.诊断评估与辅导关系建立阶段。

2.实施心理辅导阶段。

3.结束与巩固阶段。

（二）具体辅导过程：

1.第一次辅导：2019年4月2日上午10：00

辅导目的：了解刘某的基本情况，建立良好的辅导关系，确定来访者的主要问题，共同制订辅导目标。

辅导方法：摄入性谈话

辅导过程：

（1）填写辅导登记表，简要介绍心理辅导的作用、规则及保密原则。

（2）通过摄入性谈话收集刘某的相关资料，探寻其心理问题的原因及改变意愿。

（3）向刘某解释其产生问题的原因，介绍心理辅导的方法。简单介绍什么是意识和潜意识及其关系，说明高效率学习训练技术是利用催眠技术对其潜意识进行工作，在潜意识工作的状态下宣泄情绪，并输入正面积极的信念，等等，辅导过程不仅能够塑造轻松、愉悦的情绪状态，还能提升学习专注力，提高学习效率，最终提高学习成绩。

（4）共同制订辅导目标。

（5）征求刘某的同意，此次辅导结束后和班主任取得联系，交流沟通信息，以帮助学生建立良好的社会支持系统。

2.第二次辅导：2019年4月4日上午10：00

辅导目的：详细分析刘某产生不良情绪的原因及该情绪对学习、人际关系等方面的影响；共同制订辅导方案；向刘某介绍认知行为疗法，找出不合理的信念。

辅导方法：会谈

辅导过程：

（1）共同制订辅导方案。

（2）改变不合理认知：

如何看待"自己一个人生活很可怜"，独自生活除了让你觉得自己可怜，换个角度它还教会你什么？让你在哪些方面获得了成长，比别人更优秀呢？

如何看待朋友的选择，友谊发展阶段的特点，人际交往的原则。

（3）布置家庭作业：想出让自己非常高兴的事情或场景，并记录下来，可以用语言写出来或用图画画出来。

3.第三次辅导：2019年4月9日上午10：00

辅导目的：加深辅导关系；就人际交往、学习方法等一些观念继续交谈；处理不良情绪。

辅导方法：会谈、负性情绪处理技术

辅导过程：

（1）引导刘某反思两次辅导后，自己的观念和情绪是否有变化。

（2）利用高效率学习训练技术中的负性情绪处理技术对刘某的不良情绪进行处理。

①导入渐进式放松状态。

②负面情绪事件呈现，并打分。

③运用穴位法处理负面情绪。

④积极情绪事件呈现，调出平时考试或作业中出现的分数最好让自己最开心的积极场景，然后情绪置换。

⑤固化：利用语言引导，调动刘某愉快的情绪，并固化到他的潜意识中。

⑥唤醒并进行催眠后暗示：暗示刘某醒来之后，头脑清醒、心情愉悦、眼睛明亮、精神振奋。

布置作业：

（1）听一些轻松愉快的音乐，适当进行体育锻炼。

（2）自己做渐进式放松练习，每天至少一次，练习之后想象让自己开心的事情。

（3）让班主任和家长沟通，通过电话沟通，建议家长多关心和鼓励孩子。随后，班主任为了促进刘某和同学的正常交往，为其安排了一些服务同学的工作。

4.第四次辅导：2019年4月11日上午10：00

辅导目的：

（1）了解反馈信息。

（2）提升专注力的训练。

辅导方法：会谈、高效率学习训练技术

辅导过程：

（1）刘某反馈：睡觉前躺在床上做放松练习，觉得很舒服。老师专门找自己谈话，鼓励自己。妈妈给自己打电话，聊了很多，觉得心情好了很多。

（2）介绍高效率学习训练技术提升专注力的训练方法和过程，通过高效率学习训练技术的成功案例说明其效果和作用。

（3）运用高效率训练技术对刘某进行提升专注力的训练，过程如下：

①运用渐进式放松方法，将刘某导入到催眠放松状态。

②检测：利用轻抬手臂的方法检测放松状态。

③利用数数字下楼梯技术加深刘某的催眠状态。

④注意力专注的暗示。

如果在暗示期间发现刘某受到其他声音的干扰，则暗示他"周围的声音你能够听到，你会把所有注意力都集中在书本和我引导的声音上。"

⑤固化：利用语言引导，加深效果。

⑥唤醒并进行催眠后暗示：暗示刘某醒来之后，头脑清醒、心情愉悦、眼睛明亮、精神振奋。

（4）布置家庭作业：继续做渐进式放松训练，然后做训练后的积极想象。

5.第五次辅导：2019年4月16日上午10：00

辅导目的：

（1）了解反馈信息；对作业情况进行了解和指导。

（2）塑造学习化学时高效的状态。

辅导方法：会谈，高效率学习训练技术

辅导过程：

（1）反馈辅导作业：了解反馈信息，对作业情况进行了解和辅导。

（2）运用高效率学习训练技术塑造学习化学时的高效状态，过程如下：

①使用渐进式放松方法，将刘某导入催眠放松状态。

②检测：利用轻抬手臂的方法检测其放松程度。

③利用数数字下楼梯技术加深刘某的催眠状态。

④模拟自习课上刘某做化学练习题的完整过程。

⑤利用语言引导，调动刘某轻松、愉悦的学习状态

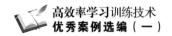
⑥固化：利用语言引导，加深效果。

⑦唤醒并进行催眠后暗示：暗示刘某醒来之后，头脑清醒、心情愉悦、眼睛明亮、精神振奋。

（3）布置家庭作业：继续做渐进式放松训练，然后做积极想象。

高效率训练技术的就是通过渐进式放松训练，经过几次训练后，不仅刘某的不良情绪明显好转，而且他的学习状态有了很大的改变，他的学习更加积极主动专注。

6.第六次辅导：2019年4月18日上午10：00

辅导目的：

（1）巩固辅导效果。

（2）结束辅导。

辅导方法：会谈

辅导过程：

（1）反馈辅导作业：反馈刘某自我训练的进行情况、效果和感受，对于不适当的地方进行辅导。

（2）会谈：将刘某在以后的学习、考试过程中可能出现的不适应情况进行列举，并和刘某一同探讨如何处理的方法，增强其自我解决问题的能力。

（3）指出今后努力的方向：通过高效率学习状态的自我探索、情绪调节能力的提高和人际交往能力的提高，都会随着训练时间的增加而不断提高。

八、**辅导效果评估**

1.来访者自评：刘某说"通过辅导，我的心情好了很多，对学习更有信心了；在班主任的鼓励下，在班级更开心了，也在努力学会和同学交往；觉得自己还是有很多优点的"。

2.心理辅导老师综述：通过会谈和跟踪了解到刘某的认知更加全面了，理解了辩证看待问题和积极看待问题的处事方法。刘某的不良情绪基本消失，对学习更有信心，并且掌握了高效学习状态的塑造方法，对人际交往不再回避，愿意尝试提高人际交往的能力，自我意识更加清晰，自信心明显提高。

3.教师反馈：来访者情绪状态好了很多，听课比较积极，主动回答问题，学习成绩有了大幅度提高，更愿意与同学交往了。

九、心理辅导感悟

对于高中生而言，不论是情绪问题还是学习问题，都可以通过高效率学习训练的技术方法来改变，因为高效率学习训练技术的程序之中包含着渐进式放松训练，在解决学习问题的时候，情绪问题也得到了一定的处理。即使学生没有明确提出要解决学习方面的问题，建议其进行高效率学习状态的塑造，对于高中生来说都是具有重要意义的，不仅让学生轻松学习，也能让家长放心，让老师开心，高效率学习训练技术值得在中学广泛推广。

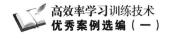

1-2案例：

一例高三学生缓解焦虑情绪的案例报告

【摘要】心理辅导老师通过运用高效率学习训练技术和合理情绪疗法，针对一例高三学生因焦虑情绪而影响学习的案例进行了心理辅导。通过心理辅导，该学生的焦虑情绪明显缓解，相应的行为问题得到改善，学习效率有所提高，基本达到了心理辅导的预期目标。

【关键词】高效率学习训练技术　　放松训练　　情绪调理

一、个案基本信息

求助者吴某是高三男生，18岁，家中的独生子，从小身体好，成绩一直名列前茅，性格很好，与同学关系融洽。从其家庭背景看，从小被爸爸带大，妈妈长期在外地工作，男生受爸爸的影响多，性格比较敏感，心思细腻，凡事在心里会反复思考，平时为了不让爸爸妈妈担心，和家长交流比较少，即便交流也都是报喜不报忧，学习一直很努力，在最好的高中名列前茅，从高二开始，学习压力明显增加，多次担心自己的身体出了问题，会不断地上网查询对号入座，爸爸妈妈带他去医院检查，确实无躯体疾病。因为疑病看病耽误了不少上课的时间，然后又开始担心成绩下滑，导致紧张焦虑，出现失眠、食欲减退等躯体症状，由父母带其来寻求帮助。

二、个人陈述

爸妈离开后，吴某的话匣子打开了，从小妈妈不在家，在外地上班，爸爸一个人把他带大，爸爸是个特别细致的人，不管是在生活、工作还是与人交往，都是会想很多，所以压力很大。吴某虽然年纪很小，但是爸爸也会自顾自念叨给他听，吴某也特别体谅爸爸，总是很乖很懂事，也很认可爸爸的细致与追求完美，认为努力做好每一个细节才能符合标准。就这样，吴某一路很努力，以优异成绩考进了市里最好的中学。随着学习压力的不断增加，吴某开始出现肠胃不适，他怕爸爸知道后担心，就自己偷偷上网查询相似症状，结果越查越觉得自己得了很严重的病，又不想让爸爸担心，就埋在心里，更加苦恼，导致孩子上课时也经常想，睡觉也经常想，学习成绩也由此下滑了很多，这样恶性循环，整个人都没有精神了，心头像压了一块巨石一样。

三、他人反映

心理老师观察看到：

1.在爸爸妈妈的陪伴下走近进工作室，吴某眉头紧锁，并不说话，爸妈开始争相介绍情况，大概的意思是，"我们都跟他说过很多次了，他总担心自己有病，搞得现在睡不着觉、吃不下饭，眼看就要高考了，之前的成绩是全市前500名，这次下滑到700多名，这不是没必要嘛！"

2.经医院检查测试，吴某身体和心智状况均发育正常，虽然情绪低落，但讲话逻辑思维都很清晰。动作神态也都正常，说到病情和考试成绩就会眉头紧蹙，胸部起伏，会长长的吐气，表现出明显的焦虑、紧张和不安。

四、评估与诊断

结合心理问题的诊断标准，他的困扰产生时长尚未超过三个月；他的心理困扰不能依靠自身的能力摆脱；他即使在认知上进行了调整，依旧不能进行改变，虽然对他的社会功能影响不大，但结合他自身的困扰程度，在学校这个特定场所内，反复想自己有病的强迫行为，初步推断他的困扰是一般心理问题，带有强迫性质的心理困扰，主要体现在特定场景下出现的自动化情绪及行为反应。

五、辅导目标的制订

根据以上的评估与诊断，与来访者协商，确定以下辅导目标：

1.缓解来访者吴某的焦虑不安情绪，使其以平和积极的情绪投入学习和生活。

2.教会吴某运用合理情绪疗法，当觉察到自己有不良情绪时，能够主动运用情绪疗法自我调节情绪。

3.帮助吴某提升主动进入高效率的学习状态的能力，提高他的学习

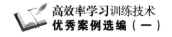

专注力，提高他的学习效率，从而体会自我掌控人生的快乐，增加高考的自信心。

4.帮助吴某完善个性，健全人格，能够辩证看待问题，增强自信、人际交往能力和社会适应能力。

六、辅导方案

1.运用高效率学习训练技术

高效率学习训练技术是由中国高效率学习研究院研发的一项心理训练技术，该技术以心理学、教育心理学、心理动力学等理论为背景，把学生在学习中的情绪、目标、专注力、家庭正能量和考试焦虑等几个重要因素进行实践化的操作与训练，让学生在轻松愉悦中达到高效率的学习状态，真正让学生从学习的繁忙中解脱出来，从而轻松、快乐、高效去学习。

2.合理情绪疗法（简称RET）是20世纪50年代由阿尔伯特·艾利斯（A.ElliS）在美国创立的。合理情绪治疗是认知心理治疗中的一种疗法，因它也采用行为疗法的一些方法，故被称之为一种认知—行为疗法。

合理情绪疗法的基本理论主要是ABC理论，在ABC理论模式中，A是指诱发性事件；B是指个体在遇到诱发事件之后相应而生的信念，即他对这一事件的看法、解释和评价；C是指特定情景下，个体的情绪及行为结果。通常人们认为，人的情绪的行为反应是直接由诱发性事件A引起的，即A引起了C。

3.辅导安排

辅导时间：每周1次，每次50分钟，共3次。

七、辅导过程

第一次辅导：5月9日上午10：00

1.收集资料：建立咨访关系，进行简单的放松训练，缓解其焦虑不安的情绪。

2.认知重建：首先让求助者明白现在出现考试紧张并非坏事，从某个角度来说是好事，因为早紧张早解决，如果提前解决了月考紧张的问题，那么高考就不会紧张。倒是有些同学平时月考应付自如，因此没有为高考怯场做好思想准备，结果高考时偏偏产生了紧张情绪，导致发挥不正常。心理老师的这个分析大大地解除了他的紧张焦虑情绪。然后帮助他认识到造成考试紧张觉焦虑的真正原因，帮助他去除那些不利于考试放松的想法，并建立更积极的认知模式：高考成绩的好坏是由很多因素决定的，一个人能否成功和幸福，不仅仅由高考成绩决定，紧张焦虑对高考无益相反有害。

3.放松训练：在心理老师指导下，让吴某体验腹式呼吸的放松训练，肌肉收紧放松训练，躯体的渐进式放松训练。让求助者感受紧张与放松的区别，最终体会全身放松的轻松与舒适状态。

4.布置作业：让求助者自己回家反复练习渐进式放松训练，学会自我放松方法。

第二次辅导：5月16日上午10：00，第三次月考之后

了解放松训练对吴某在月考中稳定情绪的作用，让吴某学会体验和表达在月考中的紧张心理状态，进一步建立良好的关系，利用高效率学习技术中的负性情绪处理技术，处理吴某月考产生的负性情绪。

1.负性情绪事件呈现：在吴某进入放松状态后，再现那个月考时的紧张焦虑情绪的场景，心情由好到坏0～10分打分，他给自己打9分。

2.穴位处理情绪：打开头顶部的"四神聪"穴，让那个9分的负性情绪通过四神聪穴慢慢排出体外。

3.积极情绪事件呈现：关闭"四神聪"穴后，让他想象一个学习中的积极情绪，心情由坏到好0～10分打分，他给自己打分8分。

4.进行情绪置换：让他再回到那个月考时的不良情绪中，心情由好到坏0～10分，他给自己打分2分。

5.固化：让他对学习的积极情绪进行固化，在今后的学习中，他都会带着这种积极的情绪状态去学习，学习效率会越来越好。

6.唤醒和正向暗示：配合积极正向的指导语将其唤醒。

7.布置作业：用绘画的方法把自己不好的情绪画出来。

第三次辅导：5月23日上午10：00

吴某的情绪及学习状态比较稳定，此次辅导利用专注力训练，增强记忆力，提高学习效率，以增加吴某应对高考的信心。

1.导入：通过"百会穴"的穴位引导方法，让吴某快速进入放松状态。

2.加深：通过他的手臂提放检测放松程度，然后通过下楼梯法加深放松状态。

3.专注力训练：导入到高效率学习状态，利用20分钟的时间背诵一篇英语课文。

4.固化：通过凝视水晶球，让他看到自己学习状态越来越稳定，信心十足地走进考场，心情平静，思维敏捷，快速答题，稳定发挥，取得了理想的成绩，考入了期待已久的理想学校，让自己美好兴奋的心情与真切的感受牢牢地存入潜意识。

5.唤醒：积极暗示吴某醒来之后，头脑清醒、心情愉悦、眼睛明亮、精神振奋。

6.反馈：吴某醒来之后，感觉内心充满了力量。

八、**辅导效果评估**

在辅导中，辅导时间比较短暂，每周辅导的间隔为7天，只辅导了三次，为了保证效果，同时让吴某配合听高效率学习专用指导播放器【学吧】配合辅导，起到了较好的辅导效果，达到了预期目的。

吴某反馈：情绪稳定，学习状态保持很好，不再胡思乱想，进入良性循环，越来越有信心了。

家长反馈：孩子脸色有笑容了，睡眠质量好了，不再听他唉声叹气了。最后一模孩子的排名恢复到前500名。

总的看这个个案辅导见到了明显效果，吴某的焦虑情绪明显缓解，对身体感受性的认知也得到了有效的改善，移走了压在他心头的大山，增强了他高考的自信心和适应能力，为今后辅导中高考的学生情绪失控等问题，提供了成功的辅导借鉴方案。

跟踪问效：吴某高考前期主动提出继续让老师做心理能量提升的年训练方案，确保自己复习及高考能稳定发挥，高考前一个月每周一次，高考前一周加密三次，一共做了6次，情绪和学习状态一直很稳定，今年高考吴某以658分被哈工大录取，进入了他自己的目标学校。

今年放暑假还过来看望老师，说已经有女朋友了，两个人正在筹划一起出国留学，对未来充满了信心。

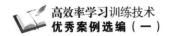
1-3案例：

一例因负性情绪导致考试焦虑的辅导案例报告

【摘要】本案例是对一名初中三年级女学生考试焦虑的心理问题进行辅导的案例报告，心理教师运用高效率学习训练的方法和技术，帮助学生解决因负性情绪过多而导致的考试焦虑问题。通过三次心理辅导，该生的考试焦虑问题得到了有效缓解，成绩有了很大的提升，完成了心理辅导的预期目标。

【关键词】高效率学习训练技术　负性情绪处理　学习效率

一、**个案基本信息**

唐某，女，汉族，16周岁，初三年级学生，单亲家庭，独生子女，身高体态正常，身体健康，无器质性病变，无重大疾病史，无家族精神病史。该生性格内向，自尊心强，平时待人有礼貌，学习成绩一直很好。三岁时父母离异，一直与母亲生活，父亲失去联系多年，姥姥和姥爷在外地，寒暑假偶尔能见面一两次，母亲未再嫁。多年来，母女相依为命，母亲没有固定工作，靠打工为生，母亲对女儿的教育思想和教育目标简单明确，就是让女儿好好学习，考上大学，有个好工作，过上好日子，别像妈妈一样，一辈子没出息，给人家打工，看别人脸色过日子。三周前，唐某的母亲在打工过程中搬重物意外摔倒，导致腿骨骨裂住院，家中没有了收入来源，唐某大哭一场，因而情绪非常低落，升起很强的自卑感，担心母亲病情严重，无法行走，没有收入，没有心思学习了，上课注意力不集中，紧张害怕，心跳加剧，更担心以后考不上好的高中，就不可能有好工作，这一连串的胡思乱想，严重影响了她的食欲和睡眠，成绩明显下降，周测试成绩不理想，出现了考试紧张，答不完试卷的现象。

唐某来求助时，衣着整洁，举止得体，有礼貌。但情绪很低落，说上课注意力很难集中，总担心成绩不理想，自己和母亲没有好的未来，而且她对外界的评价和关注非常敏感。因为近期母亲受伤住院的意外事件，引起情绪低落，郁郁寡欢，食欲不佳，睡眠不好，注意力不集中，成绩下降，考试紧张焦虑，在体育测试中全程觉得自己没有力气，使不上劲。由于她性格内向，追求完美，平时不太喜欢和别人交流，只有几个要好的朋友可以说说话，使她陷入了孤立无援的境地。

二、 评估与诊断

根据唐某和她班主任的陈述了解到，唐某因负性事件导致负性情绪，引起的成绩下降和考试焦虑，可以诊断为一般心理问题。唐某出现问题时长为一周时间，社会功能受到一些影响，但不很严重，没有泛化。

经测评和观察，该生的知情意统一，有自知力，主客观反映协调，无幻觉、妄想症状，因此排除了严重心理问题，也排除了精神障碍问题。

唐某受母亲影响大，且正处在青春期的敏感阶段，好胜心强，由于母亲突发意外，没有生活来源，家庭压力过大，导致负性情绪较多，出现紧张焦虑情绪，影响了学习状态，导致了成绩下滑，出现了考试紧张焦虑的问题。

三、 制订辅导目标

根据评估与诊断，与唐某协商制订以下辅导目标：

1.减少负性情绪带来的自卑和敏感等问题。

2.缓解考试紧张焦虑的情绪。

3.引导唐某建立完善的应对突发事件的心理健康方法和模式，以健康的人格去应对未来。

四、 辅导原理与方法

（一）高效率学习训练技术原理和方法

高效率学习训练技术是由中国高效率学习研究院研发的一项心理训练技术，该技术以心理学、教育心理学、心理辅导等为背景，把学生在学习中的情绪、目标、专注力、家庭正能量和考试焦虑等几个重要因素

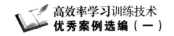

为内容，进行落地操作与训练，让学生在轻松愉悦的氛围中达到高效率学习的状态，让学生真正从学习的困惑中解脱出来。

（二）辅导安排

辅导时间：每周一次，每次50分钟左右，共辅导3次。

五、辅导过程

（一）辅导大致分为以下阶段

1.诊断评估与辅导关系建立阶段。

2.实施心理帮助及高效率学习训练阶段。

3.结束与巩固阶段。

（二）具体辅导过程

1.第一次辅导：

时间：2019年5月13日下午2：00

地点：学校心理辅导室

目的：诊断评估并建立辅导关系，制订辅导目标和方案

方法：摄入性谈话

流程：采用摄入性谈话收集唐某的相关资料，了解唐某的基本情况，通过共情、理解和倾听等技术，与唐某建立良好的辅导关系，让学生体会到被理解、尊重和接纳的感受。并与学生一起制订辅导目标和辅导方案。

2.第二次辅导：

时间：2019年5月20日下午1：30

地点：学校心理辅导室

目的：实施心理帮助，为唐某解决心里困惑

方法：会谈并运用高效率学习训练技术方法处理负性情绪

流程：

（1）感受性测试：通过抬手法和水晶球测试法，对唐某进行感受性测试，均得1分，唐某的感受性较好。

（2）运用高效率学习训练技术方法的负性情绪处理方法对唐某的

负性情绪进行处理。

①通过水晶球导入法，将唐某快速导入到放松状态，通过点按穴位的方法，加深放松程度，然后用轻抬手臂的方法检测唐某的放松程度。

②负面情绪事件呈现并打分，唐某给出了9分结果，说明学生的负性情绪很严重。

③运用穴位点按法处理学生负面情绪，处理之后，唐某给出了4分的结果。

④积极情绪呈现，让唐某想象开心的事情和情境，唐某给出10分的结果。

⑤情绪置换后，唐某对负性情绪给出了2分的结果。

⑥积极情绪固化，让唐某把开心的事情和情境，牢牢记入潜意识。

⑦催眠后暗示并唤醒。

（3）布置作业：经常进行积极的、愉快事情的想象。体验现在的愉悦心情，带着这种愉悦的情绪体验去学习和生活。

3.第三次辅导：

时间：2019年5月27日下午2：15

地点：学校心理辅导室

目的：结束与成果巩固

方法：会谈和高效率学习训练技术提升专注力训练方法

流程：

（1）上次辅导反馈：唐某的精神状态良好，脸上有了笑容，体育800m测试成绩提升了1分28秒，上课注意力能集中了，妈妈生病导致的坏情绪得到了释放，心情比以前好多了。

（2）进行高效率学习训练技术提升专注力的训练。

①使用水晶球导入法，将唐某快速导入到放松状态，然后通过轻抬手臂的方式检测放松程度。

②利用穴位点按加深法，加深催眠放松状态。

③进行提升专注力的暗示，引导唐某的注意力只集中在眼前的书本

和老师的引导语上。

④固化：利用语言引导，加深效果的积极暗示。

⑤进行催眠后暗示并唤醒。

（3）布置家庭作业：体验训练过程中的感受，并把这种感受和状态用于平时的学习和考试过程当中。

六、辅导效果评估

1.来访者自评：唐某说"现在的心情好多了，也不紧张了，之前的体育项目800m跑测试成绩提升了1分28秒，感觉自己有劲儿了，上周的周测试考得很理想，能答完试题，物理化学还检查了一遍呢！这个高效学习训练方法真好，我要继续用这种方法学习，争取考上实验中学"。

2.辅导老师观察：学生情绪状态良好，说话都带着笑容，更具有朝气和活力了。

3.教师反馈：上课的注意力能集中了，听课状态很好，成绩提升很明显。

4.家长反馈：孩子最近心情好多了，回家和我说的话儿都多了，还安慰我好好养伤，说她有信心考上好高中，好大学，以后好好孝顺我。

七、辅导感悟

孩子是每个家庭的希望和未来，而良好的学习状态是他们走向未来最畅通的道路。很庆幸自己遇到并学习了高效率学习训练技术，从而有能力去帮助更多的孩子，帮助他们扫平和清理学习道路上的荆棘和障碍，让他们去实现自己的人生理想。

青春期是每个人都要面对和经历的阶段，初中孩子正好处在青春期，他们敏感、叛逆、也很脆弱，他们对未来充满憧憬，也会因一点挫折而停滞不前，老师愿做孩子人生航线上的那座灯塔，愿孩子们都能无所畏惧，乘风破浪，勇往直前！

1-4案例:
中学生青春期性情暴躁进行情绪处理的案例报告

【摘要】来访者是14岁中学女生,因为青春期性情暴躁导致心情痛苦、无心学习,在家长的陪同下前来咨询,寻求帮助。来访者是个很内向的孩子,该案例诊断为情绪导致厌学问题。采用的主要咨询方法是高效率学习训练技术和经络催眠放松疗法。具体目标是帮助来访者处理不良情绪,改善睡眠质量,帮助来访者理清思路,正确处理自己与家人、同学和老师的关系。

【关键词】高效率学习训练技术 经络催眠放松 情绪调理

一、 个案基本信息

来访者王某,14岁,女生,初三学生,性格特点内向,有主意,心细,想事周到细腻,很会体贴人,自觉自律性强,从不惹事,不擅交往,朋友很少。学习方面,好学上进,有学习的自觉性,原来的学习成绩很好,曾在班级排过前十名。交际方面不爱主动与人交往,对自己要求严格,对同学有时也有些计较,不是很随和。与同学和老师的关系比较好,尊重老师和同学,遵守纪律,是个爱学习,会听课,很上进的学生。但是不爱主动表现自己。老师认为她有希望冲击重点高中的尖子班。同学们对她评价也很高,学习好,也稳重,从来不多说话。说话做事有分寸。一次在超市碰到一女同学,与王某打招呼,女同学很高兴地回应,并介绍给她妈妈认识王某,可王某只是草率应付了一下就躲开了,让同学们觉得王某不大合群,王某只和少数几个同学来往,下课了有时也只是学习,不爱运动。

求助原因:

(1)王某不去上学了,面临中考这半年开学就没去学校。原因是成绩下降,不想面对。影响心情,脾气变坏。家长期待快速让孩子抛开杂念,继续上学是当务之急。

（2）孩子情绪不稳定，心烦意乱，性情暴躁，有时生气时对家人出口不逊，甚至生气时还有过过激的攻击性行为。

（3）家长和孩子沟通不畅，不了解孩子的内心想法和心理状态。

家长分析造成孩子现状的原因和过程：

1.王某上初三后学习压力大，考试频繁，情绪有波动，学习有些焦虑。上初三以前，王某学习比较努力，不用大人管，成绩优秀稳定。上初三后，可能是学习压力大，还有青春期情绪波动，学习时不能专心，她说看书看不进去，学不下去了，表现为有时学一会儿就累了困了，接着就睡着了。有时学不进去就去看电视，学习时间上也不能保证了。王某心理也很着急，跟家长说过，也不知道在想什么，就是学不下去，不能专心，无法控制不去胡思乱想，无法精神集中，一直没有好的办法来应对。家长建议她放松思想，听听音乐，运动运动，她说："也用过的，根本不管用！"家长说初三期中考试前，她的焦虑状态就存在了，她心理也很着急，但还没有太大的影响，成绩还算稳定。

2.家人生病，孩子思想压力大，影响学习状态，导致成绩下滑。 11月甲流流行期间，王某学校有感冒的，当时测试体温，对甲流的防范开始严格了，王某也发烧了，停课在家打针四天，稍好后就去上学了，当时初三课程讲得很快，王某上学感觉跟不上，学习更吃力了，学习不在状态上。这时她爸爸也被传染上甲流，在医院住院一个半月。王某的学习就没人管了，主要靠她自觉。开始几天，表现得很体贴，每天都打电话，打听爸爸的病情，把自己在学校的情况跟家长汇报汇报，她自己一个人在家吃饭学习，一星期后她要求让她姥姥来家陪她，当时怕老人过来被传染上甲流就没同意，她跟家长大闹了一场，过几天后姥姥还是来了，一直陪到她爸爸出院。姥姥没来的几天里，她跟爷爷在一起，她平时跟爷爷不亲近。这期间，她的心理压力挺大，担心她爸爸健康，因为孩子很懂事，平时对家里事情也很上心，同时她也担心自己的身体，所以学习上受到很大影响，但她表现得很坚强，没跟我们说过她的困难。等到她爸出院，她姥姥回家了，孩子就心情不好了，跟大人闹情绪，大人心情也不好，就跟她着急。有一次，她爸爸还打了她，她发脾气摔东西，跟大人说话不恭敬。当时妈妈还以为她不懂事，迁就她。有一次她爸爸晚上要睡觉了，她故意把电脑音响开得很大。她不睡觉看电视玩电脑，让妈妈也陪着她玩，不许睡觉。那时她曾抱怨妈妈，说妈妈不关心她。有时故意跟大人找碴。那段时间，她一有点难受就不想上学，就老让妈妈带她去检查身体。妈妈觉得她有点小题大做，多半是拒绝的态度。于是她就天天说自己难受。有时就借机不上学。后来她就干脆不去学校了，说要在家待一星期再上学，跟家长赌气，真的待一星期后才去。课程越落越多，当时已是12月中旬，她提出要休学，家长到学校了解情况，原来她的化学英语测试她没答好，心里有畏难情绪，但老师说她底子好，不至于休学，就没同意她的休学要求。后来经过做工作她又上学了，但兴致不如从前，把学习当作苦差事，很不情愿的。

3.王某提出期末不考试，家长纵容了她这种逃避的想法。放假想把落下的课程补一补，但没能做到。开学后提出不上学，一直到现在。

二、咨询师辅导过程

首先测试来访者的暗示感受性，让来访者双脚并拢，双手自然下垂，做腹式呼吸。引导语跟进：随着呼吸，你的身体会不由自主地摆动，或者向前，或者向后，或者向左，或者向右，来访者身体的摆动幅度很大，说明暗示感受性很好。

随后进入情绪处理阶段：

1.用水晶球导入，将王某导入催眠放松状态。

2.通过点按王某的中府穴加深放松，让王某进入更深的放松状态。

3.手臂提放法测试放松程度，检测王某达到中等放松程度。

4.负面情绪事件呈现：引导王某想象负面情绪事件，0分为心情平静，10分为心情最糟糕，王某给负面情绪打分为9分。

5.处理负面情绪：采用穴位处理法，帮助王某打开头顶四神聪穴，引导王某排出负面情绪，并询问排出情绪的形态、颜色和气味，王某回答排放出的是红色、很浓、无味的气体，继续排放后询问和之前相比有无变化，回答气体排放变小，颜色变浅，排放停止后，询问处理后的情绪，再次给负面情绪打分为5分，相比之前的9分下降了4分。

6.积极情绪事件呈现：引导王某去想象一个特别开心的场景或画面，0分代表心情平静，10分代表最开心，打分为10分。

7.情绪置换：引导来访者带着10分开心的心情，回到刚才那个不开心的场景里面，再次给不开心的情绪打分为1分，又降低了4分。

8.再次呈现正向事件：让来访者调整呼吸，继续放松，再次回到开心的场景里面，去想象那件最开心的事情，睁开眼睛在水晶球里看到那个开心的场景，牢牢记入潜意识加以固化。

9.催眠后积极暗示并唤醒

催眠后积极暗示及唤醒，唤醒后来访者自诉心里非常舒服，身体感觉很轻松。

三、辅导次数

两周时间辅导3次，通过让王某释放情绪，很快释放掉了积压在她内心的学习压力和不良情绪。

四、辅导效果

效果很显著，王某反馈，心情好了，睡眠好了，愿意去上学了，能够面对学习与考试了。老师反馈，精神状态很好，上课注意力集中了，主动学习了，愿意和同学交往了。妈妈反馈，孩子的情绪变得平和了，在生活中相同的事情不会引起情绪的大起大落，能够很理智地去处理一些事情了。

在辅导过程中，通过高效率学习训练技术和经络催眠放松技术，对来访者的情绪做了三次处理，效果明显，流程清晰，方法容易操作，来访者愿意体验，较好解决了来访者的不良情绪问题，让来访者在很短时间内就能面对学校和学习，取得了良好的辅导效果，充分说明这个技术的实用性和有效性。

1-5案例：
一个初四学生焦虑情绪的辅导案例报告

【摘要】这是一个中考学生，面临的学习压力很大，近期感觉很紧张焦虑，情绪不好，总会莫名其妙地发火，学习效率低下，总担心自己考不好，上课注意力也不能集中，自己没办法控制。通过高效率学习训练技术，让学生达到了一个好的学习状态，以轻松心态迎接中考。

【关键词】高效率学习训练技术　情绪调理　提升专注力

一、 个案基本信息

赵某，女，15岁，初四学生，班级干部，独生子。从小到大都比较顺利，没有遇到太大的挫折，被老师、家长称作好孩子。和同学、老师关系处理得也很好。初三以前没有遇到太大的问题 。精神状态看，整个人感觉不是很自信，学习状态不是特别好，表现得比较紧张、焦虑，显得整个人心事很重。身体状态看，睡眠不好，有的时候会有失眠现象。和父母关系很好，亲子关系和谐，和老师、同学关系好，老师和同学都很信任和喜欢她。

二、 个人陈述

从小到大，自己的生活和学习都比较顺利，没有遇到太大的问题。但是初三的会考对自己打击很大，有一次家庭聚会，因为有很多都是一样大的孩子，会相互问起考试成绩，别人家的小孩比自己强了很多，感觉自己很没有面子，觉得很丢人。自信心受到很大打击。此后，每次家庭聚会，姥姥会说你要向谁谁学学，把自己成绩提上来，自己感觉很委屈，因为自己已经尽力了。上了初四，尤其是现在，总感觉自己很焦虑、很烦躁，学习压力山大，会经常发无名火，事后自己都感觉很不可思议。上课注意力也集中不起来，尤其担心考试，害怕考试，一考试就会紧张焦虑。最近的情绪更不好，但说不清楚有什么具体的事情，影响到了自己的情绪，总感觉很压抑。

三、观察和搜集他人的反映

（一）她思路清晰，语言流畅，能够把自己遇到的问题及自己的情绪很准确地表达出来。从她的状态看，她最近情绪不好，学习状态不好，学习效率自然不会太高。

（二）班主任老师反映，她自从上了初四以后，整个的成绩是在下滑状态，感觉孩子也很懂事，学习也很用功，但是成绩就是上不来。

四、评估与诊断

（一）该学生知情意统一，主客观一致，个性稳定，语言表达准确、思路清晰，有良好的自我认识和判断能力，主要因为学习压力大，自身没有很好的提高方法，导致学习效率低下，影响了情绪，出现了不良情绪问题。

（二）该学生的情绪反应由现实情境引发，是因为面对中考学习压力大，成绩下滑，情绪不好，持续时间不长，没有出现泛化，社会功能尚好，和父母、老师、同学的关系融洽，可以排除严重心理问题和神经症性心理问题。

（三）来访者问题的原因分析。

初四这一年，面临中考，孩子会较之以前更敏感，压力也更大，但父母、老师却不懂太多的相关知识，不清楚如何去帮助孩子解决问题，孩子没有得到很好的系统的支持，导致情绪问题的产生。这个孩子很优秀，但是在受到成绩不好的打击后，没有很快地振作起来，而是越来越没有自信，说明孩子抗挫能力不强，源于生活和学习上受到的挫折太少，需要不断提升心理素质。

五、制订辅导目标

根据以上的评估与诊断，与来访者赵某协商，确定以下辅导目标：

1.处理困扰自己的负性情绪，保证一个好的学习状态。

2.帮助赵某提高课堂学习和写作业时的注意力。

3.缓解赵某考试焦虑的情绪。

4.帮助赵某完善自我，更多地认识自我，了解自我。增强抗挫折能力，提高自信。

六、辅导方法及原理

（一）应用的技术方法和原理

1.高效率学习训练技术

高效率学习训练技术是由中国高效率学习研究院研发的一项心理训练技术，该技术以心理学、教育心理学、心理辅导等为背景，运用情绪调节技术，把学生在学习中的情绪、目标、专注力、家庭正能量和考试焦虑等几个重要因素作为调整内容，进行落地操作与训练，让学生在轻松愉悦的氛围中达到高效率学习的状态，让学生真正从学习的困惑中解脱出来。

2.催眠放松大脑电波呈现α波状态促进学生学习

在保加利亚的洛扎诺夫博士进行的早期实验研究中，被试学生们在暗示作用下，用音乐帮助学生学习外语，发现学生学习能力可以提高5到10倍，让个体处于一种积极的情绪状态，学习效率大幅度提高。每个人的大脑都有四个主要脑电波在运作，这四种脑电波，可用电子脑电图仪测量到。而我们大脑的四种脑电波中最适合潜意识活动的就是α波，只有α波状态才是取得高效记忆的最好状态。α波状态促进灵感，加快资料收集，增强记忆，当通过催眠放松时，让学生的大脑电波呈现α波状态，从而促进学生进入高效的学习状态。

（二）辅导安排

辅导时间：每周一次，每次50分钟左右，共4次。

七、辅导过程

（一）辅导大致分为以下阶段：

1.诊断评估与辅导关系建立阶段。

2.实施心理帮助阶段。

3.结束与巩固阶段。

（二）具体辅导过程：

1.第一次辅导：

时间：2019年3月6日中午

地点：心理辅导室

目的：了解赵某的基本资料，掌握她的求助动机，讲解所运用的训练方法的原理和根据，以此打消赵某的顾虑。

方法：摄入性谈话

流程：

（1）填写资料统计表，介绍辅导中的有关事项与规则。

（2）通过谈话了解赵某的个人基本情况，探寻其学习问题产生的原因及想要改变的意愿。

（3）向赵某讲述我所运用的训练方式的原理，它是通过什么起的作用，跟她讲述头脑理论，让赵某清楚明了，打消顾虑。

（4）共同制订辅导目标。

（5）给赵某布置作业，让她觉察自己的情绪，什么情况下，自己情绪容易不受控制，想一想最近有没有让自己不开心的事件。

2.第二次辅导：

时间：2019年3月12日中午

地点：心理辅导室

目的：处理赵某负性情绪，帮助她营造一个良好的学习状态。

方法：暗示感受性测试，渐进式放松技术，"下楼梯"加深技术。

流程：

（1）先做一个感受性测试，"抬手法"，自述手臂很沉。

（2）用渐进式放松引导赵某进入催眠放松状态。

（3）抬手测试放松程度，发现赵某手臂没有自然下落，说明赵某还没有完全放松，然后用"下楼梯"技术加深放松程度。

（4）让赵某想象一个最近或是一直以来困扰她的事件，她很快想象出来了，并给事件打了9分，然后暗示打开了她头顶上的"四神聪穴"，并把这些负性情绪排出体外。她自述这些负性情绪颜色是灰色的，形状是三角形的，无气味。我等待她排放一会儿，再问，她说颜色变淡了，再次给自己此时的情绪打分，结果为2分，然后暗示关闭了

"四神聪穴"。然后让她想象开心事件，赋值此时的情绪为9分，想象带着9分的快乐情绪回到刚才让你不开心的事件中去，再打分为1分。然后不唤醒，睁开眼睛，凝视水晶球，固化开心的场景。

（5）催眠后暗示并唤醒。暗示她醒来之后，感觉压力减轻了，心情更好了，头脑清醒、眼睛明亮、心情愉悦，开心幸福。

3.第三次辅导：

时间：2019年3月18日中午

地点：心理辅导室

目的：帮助赵某处理负性情绪，营造一个良好的学习状态。

方法：摄入性谈话，通过"百会穴"穴位导入催眠状态，通过"下楼梯"方法加深放松状态。

流程：

（1）辅导前沟通，简单交流，了解情况。赵某自述，家长和老师都比较看重自己的办事能力，很多的事情都会交由自己去办，或是询问自己的意见，自己也比较喜欢这种感觉，但是当自己情绪不好的时候就会情绪爆发，厌烦不安，感觉压力很大，不想管这些事了。经过老师引导，自己认识清楚了，不该自己管的事就要学会放手，将注意力放到学习上，不再让别的事使自己分心。

（2）用穴位导入法将赵某快速导入到催眠放松状态，测试放松程度，手臂有力量支撑。

（3）用下楼梯加深放松的方法，让赵某想象一个不开心的场景或是事件，打分为7分，用"四神聪穴"排出负性情绪，她反馈是白色的菱形物质，没有气味，过一会自述为透明状，菱形少了一个角，打分为2分。然后让她想象一个十分开心的事情或场景，打分为5分，我再次让她想象一个更加开心的事情，打分为8分，情景置换，再打分，给不开心的情绪打分为1分。

（4）唤醒前暗示并唤醒。她感觉情绪好多了，脸上露出笑容。

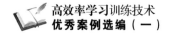
4.第四次辅导：

时间：2019年3月25日中午

地点：心理辅导室

目的：提高专注力训练

方法：渐进式放松导入催眠放松状态，用"百会穴"穴位加深。

流程：

（1）用渐进式导入放松状态。

（2）用"百会穴"加深放松状态。

（3）让赵某在放松状态下记忆背书，制造噪音，观察赵某的反应。

（4）测试被试的背书效果。

（5）唤醒前暗示，唤醒。

（6）老师和学生探讨做放松过程中，在指导语例如语速语调上有无不满意及不理解的地方。

5.第五次辅导：

时间：2019年4月2日中午

地点：心理辅导室

目的：训练如何应对考试，处理考试焦虑情绪

方法："水晶球"导入放松状态，"百会穴"加深放松程度。

流程：

（1）"水晶球"导入到放松状态。

（2）用"百会穴"加深放松程度。

（3）让赵某想象考试场景，模拟考试中可能出现的问题，在潜意识中植入她处理问题的方法。

（4）唤醒前暗示并唤醒。

八、辅导效果评估

1.来访者自评：

赵某自述最近情绪、学习状态都很好，没有什么问题了。也能够淡然面对自己的学习成绩，只要尽力就好，不去强求什么名次，这样压力就会小很多。注意力有了很大提高，上课听讲和写作业也不会出现莫名其妙的分心了。考试焦虑也缓解了很多，不会再纠结一道自己不会的题，从而不会影响自己整个考试状态了。

2.辅导老师观察：

微笑又重新回到了她的脸上，从她的谈话中感受到了她的改变，整个人变得更加阳光、自信了。感觉到好多学习状态又重新回到了她的身上。

3.教师反馈：

赵某在初四中考第二次模拟考试中，取得了全年组第4名的好成绩。

4.同学反馈：

赵某更加爱说话了，更加爱笑了，整个人阳光了好多。

九、辅导感悟

初四对于孩子来说是个关键时期，作为老师和家长，我们要懂得一点心理学知识，及时掌握、了解孩子的心理状态，帮助孩子处理掉她可能遇到的心理问题，或是请更加专业的人士帮助孩子处理心理问题。孩子的学习需要有好的状态，学习状态好了，成绩好只是副产品。我们要在孩子最需要帮助的时候助力孩子，给他们以支持，让他们能够乘风破浪，扬帆远航！

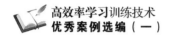

1-6案例：
一个初三女生负性情绪辅导的案例报告

【摘要】本案例是对一个初三女生负性情绪进行辅导的案例报告，文章陈述了求助者徐某的个人成长史，原因分析和评估诊断。心理辅导教师通过运用高效率学习训练技术来帮助求助者实现改变，通过放松训练和心理能量气场技术的实际操作和运用，逐步消除了求助者的不良情绪和行为，使之恢复了正常的心理状态，取得了令求助者本人满意的效果。

【关键词】负性情绪　放松训练　情绪调节

一、个案基本信息

徐某，女，汉族，15岁，某初中三年级学生，独生子女，从小体弱，胃口不佳，身体消瘦，但无重大疾病，家族无精神疾病史。父母在她三岁时就离婚了，一直由姥姥抚养，家庭条件不好，平时衣着很简朴，性格孤僻，不合群，敏感多疑，与同学相处的也不好。徐某住在学校，周末回家。母亲在外地打工，平时只是打电话关心一下她的生活和学习。因为班级同学丢钱一事被怀疑，产生负面情绪，伤心难过，在沉默中流泪，在无言中自虐，打破了往日的平静，她平时也不喜欢和其他同学进行交往，这次更烦同学了，上课也没有心思，总分神溜号，学习成绩明显下降。

二、个人陈述

近日在她所在的班级发生了丢钱事件，几个同学怀疑是她拿的，因为丢钱之后她穿了一件新衣服上学了，怀疑她是用偷来的钱买的，其实是她爸爸来看她，给她买的新衣服。她觉得委屈，就用伤害自己的方式来证明自己的清白。

三、 观察和他人反映

（一）心理辅导老师了解和观察到的情况：

徐某穿着简朴，头发长度适中，很干净，脸色苍白。在和老师交谈时很少会看老师的眼睛，都是低着头，说话声音很低，面无表情。

（二）班主任反映：

徐某性格内向，学习很刻苦，纪律也很好，就是不太善于和别的同学进行沟通交流。

四、 评估与诊断

徐某是由现实事件引起的不良情绪问题，初步诊断为一般心理问题。她不良情绪持续10多天，不良情绪反应能在理智控制范围之内，能维持正常学习和生活，社会功能没有受损。由于父母离异，母亲长期不在身边，缺少关爱，个性发展受到影响。

（一）鉴别诊断：

1.徐某没有幻觉、妄想等精神病性症状，可以排除精神病性障碍。

2.徐某的情绪反应由现实情境引发，没有泛化，情绪持续时间短，社会功能没有受到影响，可以排除神经症性心理问题和严重心理问题。

（二）来访者问题的原因分析：

1.生物因素：从小体质柔弱。

2.社会因素：

（1）生活事件：班级同学丢钱被怀疑。

（2）社会支持系统不利：长期缺少父母的陪伴，打电话也只是简单地询问吃喝和学习，缺少朋友，缺少关爱。

3.心理因素：

（1）个性因素：性格内向，不擅长与同学进行沟通，自我情绪的调节能力差。

（2）认知原因：觉得自己没有父母的陪伴很可怜，没有看到自己身上的闪光点。

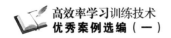
五、辅导目标的制订

根据以上的评估与诊断，与来访者协商，确定以下辅导目标：

1.缓解来访者徐某的负性不良情绪，使其能够以积极的心态去学习和生活。

2.帮助徐某提高学习效率，增强学习的信心。

3.帮助徐某改变认知方式，改变关于交友方面的信念，提高她的人际交往能力，增强交友自信。

六、辅导方法及原理

高效率学习训练技术是由中国高效率研究院研发的一项心理训练技术，该技术以心理学、教育心理学、心理辅导等为背景，把学生在学习中的情绪、目标、专注力、家庭正能量、考试焦虑等的几个重要因素进行实践化的操作与训练，让学生在轻松愉悦中达到高效率的学习，让学生真正从学习的繁忙中解脱出来。

七、辅导过程

（一）辅导大致分为以下阶段：

1.诊断评估与辅导关系建立阶段，收集资料，进行诊断，确定目标。

2.实施心理辅导阶段。

3.结束与巩固阶段。

（二）具体辅导过程：

1.第一次辅导（由她的班主任带来）

时间：2019年5月15日上午10点

地点：学校心理咨询室

目的：建立关系，找出问题

方法：摄入性谈话

辅导过程：

师：你给我的第一感觉是你很懂事，一点也不张扬，但是老师感觉你的表情不是很开心，能和老师说说你这一段时间都发生什么了吗？

生：是的，老师，我不开心。

师：发生什么事情了吗？

生：我的同学说我是小偷，他们就是喜欢说别人的坏话。

师：他们为什么这么说？

生：班级有人丢钱了，就说是我偷的，因为我那天穿新衣服了，我平时的衣服都是亲属给的。那天刚好我爸爸来看我了，就给我买了新衣服。他们什么也不知道凭什么说我！我气不过，划破了手指证明自己的清白！

师：妈妈去哪里了？

生：妈妈去外地打工了。

师：你平时和妈妈联系吗？

生：嗯，有时想妈妈了就和妈妈用微信视频。

师：那爸爸呢？

生：我不知道他在哪打工，姥姥也不让我和爸爸联系。

师：上次爸爸来看你是什么时候？

生：很久很久了，我记不清了。

师：今天的事情让你很委屈，很愤怒，有很多不良情绪，但不可以用伤害和自残的方式来解决，身体和生命是最宝贵的，一定要倍加珍惜。老师给你做一个放松体验，帮助你释放一些不良情绪，你可以借机好好地放松休息一下，你看可以吗？

生：好。

然后我给她做了暗示感受性测试，通过测试了解到，她是视觉型的，感受性比较好。

接着通过水晶球凝视法，将徐某导入放松状态。让徐某身体坐在椅子的三分之一处，后背挺直，在水晶球上找到一个亮点凝视，慢慢地导入到放松状态。

然后通过抬手法测试她的放松状态，手臂还有自主支配功能，感觉不够放松，然后通过点按穴位，进行放松的加深，当点按她的中府穴和

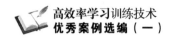

曲池穴之后，再次测试她放松程度，她手臂一点也无支配力了，完全放松下来了。

接下来用语言诱导做渐进式放松，整个放松过程约为15分钟左右，徐某放松时间比较长，放松状态比较深，情绪平复比较慢，进入状态后眼动比较多。唤醒后，她的表情挺兴奋，眼睛明亮，说自己睡得很舒服，并约定下周再进行一次辅导。

2.第二次辅导（学生自己来的）

时间：2019年5月22日中午12点

地点：学校心理咨询室

目的：分析徐某产生负性情绪的原因及该情绪对她学习和生活的影响

方法：会谈和高效率学习训练技术的情绪处理方法

辅导过程：

（1）制订辅导方案。

（2）改变不合理认知放松做情绪处理。

（3）布置家庭作业：想象让自己高兴的事情或场景，可以用文字或图画画出来。

3.第三次辅导（学生自己来的）

时间：2019年6月12日中午12点

地点：学校心理咨询室

目的：加深辅导关系，对人际交往方法进行沟通，处理负面情绪

方法：会谈

辅导过程：

（1）将徐某导入渐进式放松状态。

（2）负面情绪事件呈现，并打分。

（3）运用点按穴位进行放松加深。

（4）积极事件呈现，即呈现第二次辅导作业中出现的分数最好的积极场景，情绪置换。

（5）固化，语言引导，调动徐某高兴的情绪，深深记入潜意

识里。

（6）唤醒，催眠后暗示：醒来后会感觉到眼睛明亮，心情愉悦，头脑清醒。

（7）布置作业：听轻松的音乐，适当锻炼，每天做一次渐进式放松训练。

4.第四次辅导（学生自己来的）

时间：2019年6月18日中午12点

地点：学校心理咨询室

目的：对作业情况进行了解指导

方法：会谈

辅导过程：

（1）对作业情况进行了解指导。

（2）运用高效率学习训练情绪调节技术缓解徐某的不良情绪。

①使用渐进式放松方法，将徐某导入催眠放松状态。

②检测：利用轻提手臂的方法检测其放松程度。

③利用数数字"下楼梯"技术，加深徐某的催眠状态。

④利用语言引导，调动徐某轻松、愉悦的状态

⑤固化：利用语言引导，加深放松的效果。

⑥唤醒，催眠后暗示：头脑清醒、眼睛明亮、心情愉悦、精神振奋。

（3）布置家庭作业：继续做渐进式放松训练，和积极场景的想象。

5.第五次辅导（学生自己来的）

时间：2019年6月26日中午12：00

地点：学校心理咨询室

目的：巩固辅导效果，结束辅导

方法：会谈

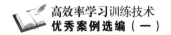

辅导过程：

（1）反馈辅导作业：反馈徐某自我训练情况、效果、感受，对于不适当的地方进行辅导。

（2）指出今后努力的方向：高效率学习状态的自我探索、情绪调节能力的掌控与提升、人际交往能力的提高等。

八、辅导效果评估

1.来访者自评："通过辅导，我的心情好了很多，对学习更有信心了，努力学会和同学交往。"

2.心理辅导老师观察：通过会谈和跟踪了解到，来访者徐某的认知更加全面，理解了辩证看待问题和积极看待问题的思维方法，徐某的不良情绪基本平复，对学习更有信心，并且掌握了高效学习状态的塑造方法，对人际交往不再回避，愿意尝试提高人际交往的能力。

3.教师反馈：学生徐某的情绪状态好了很多，听课比较积极，主动回答问题，更愿意与同学交往了。

九、心理辅导感悟

父母是孩子在第一任老师，他们的一些行为对孩子的影响是巨大的，父母离异对孩子的影响也是巨大的，有些伤痛在表面上看不出来，但是在孩子的内心深处其实是很受伤的，希望家长们都能慎重做决定。另外，高效率学习训练技术是处理学生负性情绪非常有效的方法，简单易学，便于操作，是心理辅导老师和专兼职教师帮助孩子健康成长的一个好方法。

1-7案例：
一个小学生负性情绪辅导的案例报告

【摘要】本案是一例对小学二年级学生因小朋友间矛盾引起负性情绪进行心理辅导的案例报告。本案通过对个案源源的个人信息、成长史、原因分析和评估诊断等，制订了辅导目标。心理辅导教师通过运用高效率学习训练技术、渐进式放松技术和空椅子技术，帮助求助者源源逐步消除负性情绪和不良行为，并鼓励他学会放松训练，学会自己调节情绪和控制情绪。因此，源源能够自主控制情绪，不乱发脾气，人际关系也得到了改善。

【关键词】高效率学习训练法　渐进式放松训练　负性情绪处理

一、个案基本信息

源源，男，10岁，汉族，小学二年级学生，独生子，在班中身高偏高，无重大躯体疾病，家族无精神疾病史。他的父亲、母亲均为某高校教师，爷爷也是退休教师。从小跟父母、爷爷奶奶生活在一起。父母对其疼爱有加，给他报了各种培训班，他性格外向，兴趣广泛，活泼好动，精神亢奋。每天上学、放学由爷爷接送。在校成绩中上，课堂表现一般，上课总爱"接茬"，老师屡次管教不起作用。与同学相处中为人仗义，但情绪化，常常与同学发生小口角。某天课堂上，源源用拳头击打班级书柜，表情愤怒，影响课堂，导致老师无法上课。

二、个人陈述

课间与同学小凯发生矛盾，小凯打了他胳膊一下。今天已经是第二次了，早上课间操时小凯撞了他一下，撞得挺疼，班主任批评了小凯，自己就没再计较。第三节课课间，他不计前嫌拿着水桶帮助小凯去卫生间打水，小凯借机打了他胳膊。回想前些天，小凯拿衣服抢他，把他都抢哭了。而且小凯经常抢衣服，打到了好几个人。自己都没跟小凯计较，班主任也不管，自己找小凯让他道歉后，这事就过去了。可是，过后小凯还是继续欺负他，这回非要让小凯家长来学校解决不可。

自己曾经也碰到过别人，把别人疼哭了，所以打那之后自己就再也不动手了。他认为打别人，别人会很疼，即使小凯三番两次打他，他都没还手，如果他要是还手了，能把小凯打趴下。

三、观察和搜集他人的反映

（一）他人反映

小凯反映，他不是故意打源源胳膊，他就是想告诉源源自己可以打水，课间操时候也不是故意撞的，就是跑的时候不小心碰到源源了。

班主任反映，源源遇到事情总是不依不饶，而且通过破坏公物来宣泄情绪，已多次处理类似事件，每次都要把他家长找来沟通才平息下来，再遇到类似事情，又把以前受的委屈拿出来说，而且不让别的同学解释，一定要听他说。

其他同学反映说不都是别人的错，有的时候是源源惹别人，结果最后源源又斤斤计较。

（二）心理老师观察

在陈述事情过程中，源源情绪非常激动，用拳头去砸周边的墙体，即使事情过去一上午了仍然非常愤怒，而且听不进去别人的话，一直在反复叙述自己的委屈。

四、评估与诊断

（一）源源跟小凯数次发生小矛盾，导致情绪失控，干扰课堂秩序，初步诊断为一般心理问题。源源的不良情绪由现实事件引起，是与小凯的矛盾引发，他的负性情绪持续1周时间，他的社会功能受损程度较小，基本能维持正常学习和生活。

（二）鉴别诊断：

源源的心理活动在内容与形式上与客观环境是统一的，他的负性情绪是由客观事件引起的。他的知、情、意等心理过程和活动是协调统一的，其个性相对稳定，对自己的心理问题有自知力。他的情绪困扰和行为问题与发生的矛盾有明显关系。

（三）问题的原因分析：

1.生物因素：源源性格活泼好动，精神亢奋。

2.社会因素：源源与同学发生小矛盾，家庭的关心关注不及时，社会支持系统支持不够。

3.心理因素：源源不能及时调节负性情绪，认知以偏概全，认为小凯每一次打他都是故意。

五、辅导目标的制订

根据以上的评估与诊断，与源源协商，确定以下辅导目标：

1.通过心理情绪调节技术缓解源源的愤怒情绪。

2.通过渐进式放松技术和空椅子技术调整源源的认知方式，学会处理人际问题。

3.帮助源源学会渐进式放松技术，及时控制自己的易怒情绪，学会正确面对情绪，学会正确宣泄情绪和调节情绪。

六、辅导方法及原理

（一）应用的技术方法和原理

1.高效率学习训练技术

高效率学习训练技术是由中国高效率研究院研发的一项心理训练技术。这项技术运用了经络催眠的理论，运用心理学知识和中国传统中医理论，把学生在学习中出现的情绪问题、注意力问题、考试焦虑等问题，通过这一技术进行实践与训练，达到"学习轻松高效，成长健康愉快"的训练宗旨。

本案例中在处理源源情绪问题上使用了这一技术中的心理能量气场技术。

2.渐进式放松训练

渐进式放松训练是一种有序的、逐渐的，使肌肉慢慢放松的训练方法。在训练过程中，让求助者的身体，从上至下，从头到脚，开始放松，包括肌肉和细胞都得到放松，让求助者通过放松，体验到从未有过的轻松、宁静、温暖和舒适的感觉。渐进式放松训练可以消除求助者的

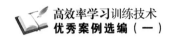

身体和心理方面的紧张状态，可以使体验者提高健康水平，因操作方法比较容易学习和掌握，所以深受欢迎。

3.空椅子技术

空椅子技术的本质就是一种角色扮演。通过这种方法，可使内部投射表面化，使来访者充分地体验冲突，而由于来访者在角色扮演中能接纳和整合内心的"胜利者"与"失败者"，因此冲突可得到解决。

本案中的源源以自我为中心，不能去理解、宽容和原谅小凯，因此使用了空椅子"他人"对话的技术。这种技术是自己和"他人"之间的对话，放两张椅子在来访者面前，坐到一张椅子上时，就扮演自己；坐到另外一张椅子上，就扮演别人，两者展开对话，从而可以站在别人的角度考虑问题，然后去理解别人。

（二）辅导安排

辅导时间：每周2次，每次40分钟左右，共2次。

七、辅导过程

（一）辅导大致分为以下阶段：

1.诊断评估与辅导关系建立阶段。

2.实施心理帮助阶段。

3.结束与巩固阶段。

（二）具体辅导过程：

1.第一次辅导：

时间：3月18日上午9：30分

地点：心理辅导室

目的：处理负性情绪

方法：情绪调节技术

流程：因为源源是我的学生，所以咨访关系很容易就建立了。他被我带到辅导室，迫不及待地跟我叙述起事情经过，我耐心听着他说完，对他点点头，告诉他我听懂了，又借机说了一下我会帮助他平复情绪。

（1）通过渐进式放松训练导入放松状态

我让源源选择一个舒适的姿势靠在沙发上，闭上眼睛进行腹式呼吸（之前我们在课堂上都有做暗示感受性测试和腹式呼吸练习）。

（2）呈现负面情绪事件

源源给出情绪分10分。

（3）打开头部像小烟囱一样的"四神聪"穴，处理负面情绪

在放松状态下，引导源源把自己给出的10分的、红色的、刺鼻的、气体，通过头部像小烟囱一样的"四神聪"穴，不断向外排放。

（4）呈现积极情绪事件

当源源说负性情绪降到3的时候，关闭穴位，进入放松状态，呈现出得9分的积极情绪事件。

（5）进行情绪置换

带着9分的积极情绪回到最初的负性情绪事件中感受心情，打2分。

（6）固化

对积极情绪进行固化，引导源源用积极的情绪去面对小凯和其他人。

（7）唤醒

进行催眠后暗示并唤醒。

布置作业：

（1）自己练习渐进式放松训练。

（2）当产生愤怒情绪时做腹式呼吸几次，然后想象一个特别开心的画面。

2.第二次辅导：

时间：3月21日下午2：00

地点：心理辅导室

目的：重建认知，学会调节情绪

方法：渐进式放松训练、空椅子技术

流程：

（1）引导源源做渐进式放松训练。

（2）运用空椅子技术，用"他人对话"的方式，让源源通过扮演自己和小凯，让他学会站在别人的角度考虑问题，然后去理解别人。

八、**辅导效果评估**

1.来访者自评：能够和小凯友好相处，在班级或者课上也不大吼大叫发脾气了，自己能够适当控制住自己的情绪。

2.辅导老师观察：心情平和了，更积极乐观。

3.班主任反馈：虽然上课还是会接茬，但是没有出现过大的情绪反应，上课更认真了。

4.同学反馈：虽然还会与别人发生口角，但都是小事情，没有发生冲突或者破坏公物的现象。

5.家长反馈：孩子在家里也不无缘无故耍脾气、闹情绪了。

九、**辅导感悟**

小学生尤其是低年级的学生，出现特别严重心理问题的极少，多数都是情绪问题，源于和家长、同伴、老师沟通不畅，如果及时处理，是可以避免引发其他心理问题的。小学生的很多的心理问题也不是一次或几次心理辅导就可以完全解决的，需要身边的社会支持系统加以关注，多方配合，才能让孩子心灵阳光，积极健康地成长。真心希望所有老师和家长，甚至所有人都应该学习一些心理学知识，掌握一些诸如高效率学习训练技术，从日常点滴去关注和帮助学生们健康成长。

1-8案例：
一个运用高效率训练技术消除学生负性情绪的心理辅导案例报告

【摘要】本案例是一名高中学生由于在班级发生的一系列不开心事件产生的负性情绪，并影响学习的心理辅导案例报告。求助者出现了情绪低落，到后期出现叛逆，自暴自弃，学习效率低，和老师同学关系紧张。心理辅导老师根据求助者的情况，通过运用高效率学习训练技术中的情绪处理技术，经过三次辅导，取得了较好的辅导效果，该学生的负性情绪明显缓解，人际交往能力和学习效率均有所提高，基本达到了心理辅导的预期目标。

【关键词】负性情绪处理　心理辅导　高效率学习训练技术

一、个案基本信息

求助者贾某某，男，汉族，17岁，高中二年级学生，独生子，身体健康，知情意统一，主客观一致，个性稳定，自知力与表达完整。贾某某一直和父母一起生活。之前一直很听话、懂事，积极学习，进入青春期后，因学习成绩不理想，被别人否定，自我评价低，情绪低落，人际交往关系紧张，对自己的情绪问题有自知力。

二、个人陈述

一天，贾某下课期间与同学张某在黑板前边写黑板字玩，在互相推闹时，突然贾某的眼角碰上黑板角，一时鲜血流出，一组同学赶紧汇报班主任，另一组同学陪护贾某去看校医，简单包扎后，贾某被双方家长送往医院做进一步检查。因此，贾某眼角落下一个不太大的疤痕。贾某与张某两名同学由此心里有了隔阂，关系不再像从前那样友好。事后，贾某总感觉同学的目光都聚焦在自己身上，还因就医耽误了几节课，再去上学后，课程有些跟不上，开始有了一些不良情绪。大约一个多月后，心情不好，情绪低落，无法安心学习，做题时有时心烦，学习效率低。有时不穿校服，上自习和同学说话，学习成绩下降，老师批评并请

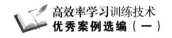

家长谈话。贾某希望自己能调整负性情绪，提高学习成绩。

三、观察和搜集他人的反映

（一）心理辅导老师了解和观察到：贾某在交谈时偶尔和老师有目光交流，缺乏自信，情绪低落，讲话声音很小。

（二）班主任反馈：贾某最近连续两次月考考得一团糟，学习状态不好。

（三）家长反馈：贾某这段时间很叛逆，在学校不听老师的话，在家不听我们的话。我们说什么，他也听不进去。

四、评估与诊断

初步诊断贾某为一般心理问题，贾某是因为一个负性事件的发生，导致了学习不集中，情绪低落，影响了正常学习效果和学习成绩。来访者问题的原因分析：一是贾某遇到突发事件，不太会应对，不太擅长处理人际关系。二是社会支持系统不给力，没有及时得到班主任、同学和家长的理解和支持。三是贾某正处青春期，心理因素不佳，情绪的自我调节能力尚未完善。

五、辅导目标的制订

根据以上的评估与诊断，与来访者协商，确定以下辅导目标：

1.运用高效率学习训练技术，帮助贾某清除负性情绪，使其心情轻松愉快，学习时精力充沛，学习成绩有所提升，呈现高效率的学习状态。

2.改变贾某的错误认知，贾某和别的学生相比觉得自己差得很多，怎么学都无济于事。

3.帮助贾某提高自觉消除负性情绪的能力，学会自我心理调控，构建合理的认知模式，能够辩证看待问题，增强自信，提高人际交往能力和社会适应能力。

六、辅导方法及原理

（一）应用的技术方法和原理

应用的技术是高效率学习训练技术中的心理能量气场技术，即情绪处理技术。该技术以心理学等为背景，以中国传统文化与传统中医理论为基础，从情绪调节的角度，把学生在学习中的情绪、目标、专注力、家庭正能量、考试焦虑等几个重要因素进行实践化的操作与训练，让学生能够及时消除负性情绪，在轻松愉悦中达到高效率的学习状态。

（二）辅导安排

辅导时间：每周1次，每次50分钟，共3次。

七、辅导过程

（一）辅导大致分为以下阶段：

1.诊断评估与辅导关系建立阶段。

2.实施心理帮助阶段。

3.结束与巩固阶段。

（二）具体辅导过程：

1.第一次辅导

时间：2019年6月5日上午10点

地点：心理辅导室

目的：了解贾某的基本情况，确定主要问题及自己想改变的意愿，制订辅导目标。

方法：摄入性谈话

流程：

（1）向贾某某解释其产生问题的原因，介绍心理辅导的方法。简单介绍意识和潜意识及其关系，说明高效率学习训练技术是在潜意识的状态下工作，能够有效消除负性情绪、置换正面积极的情绪等，不仅能够塑造轻松、愉悦的情绪状态，还能提高学习效率。

（2）布置家庭作业：征求贾某的同意，此次辅导结束后，贾某要和班主任及家长增加联系和沟通，以帮助自己建立良好的社会支持系

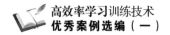
统。

2.第二次辅导

时间：2019年6月12日上午10点

地点：心理辅导室

目的：介绍心理辅导技术，共同制订辅导方案

方法：暗示感受性测试和放松训练技术

流程：

（1）进行感受性测试：选用躯体摇摆法和水晶球凝视测试法，测试结果为感受性非常好。

（2）通过语言导入放松状态：让贾某某选择一个舒服的姿势坐好，微闭双眼，做三次腹式呼吸，然后通过渐进式放松引导进入放松状态。

（3）"下楼梯"加深放松训练。

当贾某进入放松状态，经过轻抬手臂检测放松程度时，他还有自主支配力量的存在，说明身体没有完全放松下来，然后通过"下楼梯"的方法，加深放松程度。通过语言暗示贾某，从高处的楼梯台阶上向下走，非常安全，心情平静，每走下一个台阶，心里就更轻松，好像释放了很多压力，当体验到这种轻松宁静、舒适的感觉时，慢慢地放松了身体的每个部位，最后全身都放松了。

（6）布置家庭作业：回家练习渐进式放松训练。

3.第三次辅导

时间：2019年6月19日上午10点

地点：心理辅导室

目的：加深辅导关系，处理负性情绪

方法：采用高效率学习训练技术中的心理能量气场技术，处理贾某的负性情绪。

流程：

（1）导入放松状态

①用渐进式放松训练技术让贾某进入到放松状态。

②测试放松程度：我提前告知他，一会儿老师会抬起你的手臂，测试一下你的放松程度，当感觉他的手臂还有支配力量时，说明他还没有完全放松下来。

③通过点按穴位加深放松程度：我用点按中府穴的方法加深他的放松状态，再次测试他放松的状态，手臂无支配力量，放松得很好。

（2）通过心理能量气场技术处理贾某某的负性情绪

①呈现负性情绪画面：将贾某某导入放松状态后，暗示他：现在你想象一个场景或画面，这个场景或画面是困扰你很久，或者是导致你最近情绪一直不好的事件，当你能想到这样的画面时请点头示意。好，体会你现在的心情，假如0～10分是你情绪的分数，0分是心情平静，10分是心情最糟糕，给你现在的心情打一个分数。"8分。""非常好。"

②通过穴位处理情绪：在贾某某放松状态下，继续引导：人体非常神秘，有很多穴位，在我们的头顶也有很多穴位，今天老师就用一个新的方法，利用头部像小烟囱一样的"四神聪"穴，排放掉刚才8分的，让你感觉十分不舒服的负面情绪。然后我站在贾某的后面，帮他打开头部像小烟囱一样的"四神聪"穴，打开后，我站在他的身体的侧面继续引导：刚才你感受到的8分的让你不舒服的负面情绪，会顺着头部像小烟囱一样的"四神聪"穴位，缓缓地排出体外。保持好与他的链接问道：你看到排出的情绪是什么形态的？什么颜色的？什么味道的？他说：蓝色的，长方形的，无味的气体。我继续引导：好，现在让你8分的负性情绪以蓝色的、长方形的、无味的气体，继续从你头部像小烟囱一样的"四神聪穴"排出体外，在这种宁静舒适的状态中想象一下，把一些造成你心里压力的不良情绪聚集起来，慢慢地通过头部像小烟囱一样的"四神聪"穴不断地排出体外，你焦虑和紧张的情绪慢慢地消失了，你的心情越来越平静，身体越来越舒适……

③询问处理后的情绪：

引导贾某再次回到刚才引起情绪波动的画面，假设情绪的分数为0到10分，现在是几分？贾某回答6分。好，现在我要关闭你的头部像小

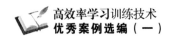
烟囱一样的"四神聪"穴，关闭穴位后，让贾某调整呼吸，再次进入到放松状态。

④积极情绪事件呈现：

放松状态下，继续引导：现在，你去想象一个能让你特别开心的画面或场景，能想象到这样的画面时可以点头示意。如果0到10分是你心情的状态，0分是心情平静，10分是心情最开心，你现在的心情，打几分？贾某回答是9分。

⑤情绪置换：

放松状态下，继续引导：好，现在带着这种9分的开心的心情，回到刚才那个让你不开心的场景，0~10分打分，10是不开心，现在是几分？贾某回答是3分。

⑥固化：呈现正向事件，引导贾某：调整呼吸，继续放松，再次去想那件让你开心的事儿，好，睁开眼睛在水晶球里看到你刚才想象的那个场景，定格，现在这个场景离你近越来越近，当水晶球落下时，迅速闭上眼睛，再次进入到更深的放松状态。

⑦加深：再次做几个腹式呼吸，进入到放松的状态。

⑧催眠后暗示并唤醒：

好，再一次体验这种宁静舒适的感觉。过一会我会用一种特殊的方式把你唤醒，当我从3数到1的时候，你就会醒来，醒来以后，你会感觉眼睛明亮，心情愉悦，头脑清醒，你会感到精力充沛、思维敏捷，好，3-2-1，醒来！

整个放松过程的时间为30分钟左右。该生进入放松状态的时间比较快，情绪平复得比较快，进入放松状态后眼动比较多，进入后期放松状态后睡意比较浓。

（3）布置家庭作业：情绪不好时，尝试情绪置换技术。

八、辅导效果评估

1.来访者自评："通过辅导，我的心情好了很多，对学习更有信心了。"

2.心理辅导老师观察：通过回访和跟踪，发现辅导已达到预期目标，贾某的负性情绪基本消除，辅导过程有条理，比较完整。

3.教师反馈：贾某课堂表现和情绪状态好了很多，学习效率和学习成绩均有提高。

4.同学反馈：贾某与同学的关系融洽多了。

5.家长反馈：孩子考试后不再气馁，学习态度端正了。

九、辅导感悟

在本案例中，心理辅导老师与求助者建立了良好的咨访关系，并针对求助者的性格特点等有利因素进行有效辅导，在辅导过程中应用高效率学习训练技术中的心理能量气场技术，即情绪处理技术，消除了求助者的负性情绪，取得了良好的辅导效果。

第二模块

目标调整技术

2-1案例：

"绝缘体"学会了放松——一例大二学生渐进式放松训练辅导的案例报告

【摘要】心理辅导老师学习高效率学习训练技术后，运用其中的渐进式放松训练技术，给大二的儿子于某成功做放松训练的案例。通过三次不连贯的渐进式放松训练，90后的于某由一个不会放松的"绝缘体"渐渐感受到放松的快乐，逐渐能够进入放松状态，并开始喜欢放松了。

【关键词】大学生　高效率学习训练技术　渐进式放松训练

一、 个人基本信息

于某，男，汉族，20岁，大庆市人，某大学二年级学生，独生子，身高体态正常，无重大躯体疾病，家族无精神疾病史。于某在高考前和父母一起生活，父母都是教师，对其成长从生活条件到精神引领能够符合学生身心成长规律，其成长过程平静顺利，性格开朗，精力旺盛，善于与人沟通，社会交往能力比较强，情绪平稳，自我评价高，自知力完整，语言表达清晰流畅，情感表达自如一致，只是学习兴趣一般。大学里学计算机软件专业，每天晚间都要午夜12点以后休息，睡眠有些不足。因妈妈是心理辅导老师，刚刚学习了高效率学习训练技术，希望帮助孩子于某能够学会运用渐进式放松训练的方法调理自己，用于自我放松，改善补充睡眠，以达到最好的放松状态，更好地学习和生活。

二、 心理辅导师观察

于某穿着舒适的休闲服，头发长度适中，比较整洁干净，在交谈时喜欢与人对视，语言表达逻辑性强，语速适中，语调平和，表情坦然自信。

三、 辅导目标的制订

根据以上的情况，与其协商，确定以下辅导目标：

按照心理辅导师的引导进行渐进式放松训练，希望在放松训练过程中，能够让于某身心得到真正的放松，并且在日常学习生活中能够灵活

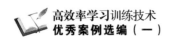

运用这个放松方法，做到自我放松训练，从而形成高效率的学习和生活状态。

四、**辅导方法及原理**

（一）辅导方法及原理

1.高效率学习训练技术

高效率学习训练技术是由中国高效率研究院研发的一项心理训练技术，该技术以心理学、教育心理学、心理辅导等为背景，以中国传统文化与传统中医理论为基础，结合经络催眠的技术，把学生在学习中的情绪、目标、专注力、家庭正能量、考试焦虑等几个重要因素进行实践化的操作与训练，让学生在轻松愉悦中达到高效率的学习，让学生真正从学习的繁忙中解脱出来。

2.渐进式放松训练方法

渐进式放松训练是心理辅导师利用语言暗示，使来访者进入全身心的放松状态，进行机体与脑能量的补充，进而启动脑能量，使人体进入优势脑波状态，让肌体焕发积极状态，为高效率学习奠定基础。

（二）辅导安排

辅导时间：晚上随机进行，计划三次以上。

五、**辅导过程**

（一）辅导大致分为以下阶段：

1.第一阶段：2018年11月23日首次进行放松训练。

2.第二阶段：2019年1月10日至2月20日多次放松训练。

（二）具体辅导过程：

1.第一次辅导：2018年11月23日晚上8：00

目的：按照心理辅导师的指令进行渐进式放松训练，希望通过训练让于某获得身心放松的状态。

方法：语言引导渐进式放松训练

辅导过程：

（1）暗示感受性测试

首先应用抬手法测试。抬手法的测试过程中，于某的感受性还挺好，上下手臂之间的距离，自己说比较明显。

再进行躯体摇摆法测试，测试的过程中，能够随着呼吸，自己不由自主地摆动，摆动的幅度也明显。

最后用水晶球凝视法进行测试。这个测试他比较感兴趣，可能是因为他对水晶球好奇，吸引了他，所以他觉得很有感觉。

通过三种感受性测试之后，他的感受性测试的总分是1.5分，感受性还不错的，视觉型占主导，可以对他进行接下来的放松训练，我决定采用水晶球导入法，对他进行放松训练。

（2）放松训练过程

由于是初次训练，于某表面上配合我，坐在椅子上，先进行水晶球导入，然后我用渐进式放松训练指导语引导，接下来对他进行放松程度和状态的测试，轻轻抬起他的手臂，他的手臂下落有力量支撑，说明他放松的不好，于是我又对他进行放松加深。采用的是情境加深法，在情景加深过程中，还是觉得他没有真正的放松下来。又对他进行穴位加深，然后，用数字唤醒法将他唤醒。

于某说，导入的时候和整个放松的过程，他都加入了自己的思考，也就是说他一直停留在意识的层面，没有真正地进入放松状态。这也符合实际情况，因为一个20岁的大男孩，对于这个方法的使用并没有那种迫切的需求，而且是为了配合训练，所以他没有能够真正地进入到放松状态。此时的于某就像一个暗示感受性的绝缘体。

（3）辅导效果：没有达到预期效果

2.第二次辅导：2019年1月10日晚上8：00

目的：希望通过渐进式放松训练，让于某获得身心放松的体验。

方法：语言引导渐进式放松训练

辅导过程：

（1）水晶球导入。

（2）渐进式放松指导语引导进入放松状态。

（3）放松状态测试：抬起于某手臂放下的自然下垂度相对比第一

次好一些，但仍然不理想，还有他自己力量支配感的存在。

（4）加深：运用点按"中府穴"穴位加深。

（5）唤醒：数字唤醒法将他唤醒。

自述：实际上在做完加深之后，他已经完全处于意识层面的状态中了，加深反倒起了相反的作用，这个放松过程，他自述感觉比上一次有一些介入的感觉，但是仍然不理想。

3.第三次辅导：2019年1月15日晚上8：00

目的：希望通过渐进式放松训练，能让于某获得身心放松的体验。

方法：会谈、渐进式放松训练

辅导过程：

（1）辅导前的自我反思：是不是我的指导语，语气语调不能够将他带入放松情境呢？我便在晚上不断的自我练习，既要熟练指导语，同时也要注意自己的语气语调。练习的过程中感觉自己的语气比较生硬。于是就多次的录音，调整自己的语气语调。希望下一次给于某做放松的时候，能够将他真正的带入放松状态。

（2）放松训练前的交流：

这一次放松之前，我跟于某进行了比较深入的交流，主要是讨论了一下自我的感受，从我自己的层面表达对放松的理解，以及我自己认知的几个方面的问题与他进行深入的交流，希望得到他的反馈。于谋说，主要是他一开始是认为只是配合完成练习，并没有把这次放松的过程，作为自己可以真正得到体验的一个机会。通过交流，让我了解到他真实的感受之后，我放松了很多，因为在学习高效率学习的过程中，小杨老师也说了这样的话，她说我们在做渐进式放松训练的时候，不用特意地去强化自己的语气语调，只要按平时的语音语调，坚定有力并持续地去下达指导语即可。和于某的交流印证了这一点，我也松了一口气。我也谈了放松对正在准备考研的儿子能起到的很好的帮助作用，所以希望于某能够真正地去感受放松的过程，通过渐进式放松训练，体验放松的真实感觉。

（3）进行渐进式放松训练

继续用水晶球导入，这次水晶球导入之后，感觉到于某进入得比较快，在我下达渐进式放松训练指导语的过程中，能够感觉到他的呼吸平稳，比较有节律。随着指导语的深入，能够感受到他的眼睛在快速地转动，喉结部分吞咽的感觉非常明显。我很高兴，所有表现都能够让我真正看到，他已经进入到放松状态了。我又进一步通过轻抬手臂的方法来测试于某的放松状态，非常不错，于某的手臂已经完全没有了支配力，就向自由落体运动一样掉落下来。即使这样，我仍然对他进行了放松加深。运用的还是情境加深法，我比较喜欢语言引导，通过表述增加于某的情境感受。最主要的是我觉得于某本来是无法进入放松状态的，现在好不容易进入了放松状态，我希望他能够在情境加深的过程中，感受得更加深入一些。然后仍然是运用数字唤醒法将他唤醒。

这次放松之后，我们再进行交流，他的感受比较深刻，放松之后觉得休息了很长时间，睁开眼睛真的能够感受到眼睛明亮，头脑清醒，心情比较轻松愉悦。此时的他已经感受到了经过放松训练之后的那种轻松愉悦感。这说明他已经脱离了"绝缘体"的状态。

六、巩固性辅导

在整个寒假，我们又多次进行了渐进式放松训练，我希望他能达到在没有我引导，自己能够在疲劳的时候，自行进入放松状态。于是，我便让他在放松被唤醒之后，再次闭上眼睛，去回忆我指导放松的每一个环节和过程，最主要的是对于这种过程身体的那种感受要体会并记住。当学习的时候，累了、疲劳的时候，就闭上眼睛复制我引导他放松时的那种状态和感受。通过这样不断地强化，他能够随时随地地进入放松状态，来改善自己的学习疲劳感。

几次放松训练之后，他已经能够在我指导下进入很好的放松状态了。这时，他已经不再是感受的绝缘体，他的感受性被疏通了。

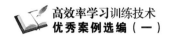
2-2案例：

一个初中生失眠辅导案例的报告

【摘要】本案例是一个初中生因意外事件导致失眠引发的一般心理问题的辅导案例。来访者被狗惊吓后引起失眠，导致情绪低落、精神不振，上课注意力不集中等问题。心理辅导老师和来访者共同商议辅导目标，制订辅导方案。运用高效率学习训练技术进行了心理辅导，求助者失眠症状得到改善，情绪好转，学习效率得到提高，心理辅导效果良好。

【关键词】失眠　学习效率提高　高效率学习训练技术

一、个案基本信息

兰兰，女，14岁，某初中三年级学生，身体健康，无家族精神病史，独生子女，父母常年在外打工，与爷爷奶奶同住，与同学关系一般，无躯体异常感，精神状态不好，睡眠不好，经常失眠，情绪低落，面色憔悴，基本维持正常生活，学习效率下降。

二、个人陈述

最近被睡眠障碍困扰着，经常失眠，已经影响到了学习，自己不知道该如何面对这种情况，所以前来请求帮助。她在一个月前被狗吓到了，补课老师家养了一条大狗，和自己很友好，每次都和自己玩，可是那一次这条狗竟然从自己的后面扑上来，把两个前爪搭在了自己肩上，当时感觉特别害怕，现在回忆起来还有惊恐未定的感觉呢，很痛苦。从这次事件后就开始出现失眠的现象，导致平时迷迷糊糊，上课走神，注意力不集中，影响了学习效率。

三、观察反映

心理辅导老师观察到的情况与主诉基本一致。

四、**评估与诊断**

（一）初步诊断

来访者兰兰的心理问题是由明显的现实原因引起的，兰兰现在有明显的睡眠障碍、注意力不集中、情绪低落等症状。从严重程度标准看，她的反应强度不十分强烈，没有影响逻辑思维等，没有对社会功能造成严重影响，从时长看，只有1个多月，初步诊断为因惊吓引起失眠，进而影响学习的一般心理问题。

（二）诊断依据

1.根据兰兰的身体正常的体检报告，排除了兰兰器质性病变问题。

2.兰兰的主观世界与客观世界是统一的，心理活动内在协调是一致的，有自知力，没有出现幻觉、妄想等精神病性症状，人格相对稳定，因此可以排除精神病和神经症性问题。

（三）鉴别诊断

1.根据兰兰的病程未超过2个月，内容未泛化，社会功能完好，排除严重心理问题。

2.根据兰兰心理冲突的类型为常形，与现实处境直接相联系，存在重要生活事件，排除神经症性问题。

（四）来访者问题的原因分析

1.生物因素：兰兰正处在青春期，情绪容易波动，易敏感。

2.社会因素：

（1）生活事件：被狗惊吓。

（2）人际关系：同学关系一般。

3.心理因素：

（1）情绪因素：不会有效调节自己的情绪。

（2）意志、行为因素：缺少积极、合理、有效的解决自身问题的方式方法。

（3）人格因素：偏内向，缺乏社会支持系统的支持。

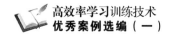

五、**辅导目标的制订**

根据以上的评估与诊断，与来访者兰兰协商，确定以下辅导目标：

1.缓解改善兰兰的失眠状况，使她能够很放松地进入睡眠状态。

2.对兰兰的专注力进行训练，使兰兰的注意力能够集中，提高她的学习效率。

3.帮助兰兰建立积极、合理、有效的解决自身问题的信念和方法，能够恢复正常生活。

六、**辅导方法及原理**

（一）应用的技术方法和原理

1.会谈法

了解来访者兰兰的背景资料、健康状况、学习状况和家庭状况，以及她当前的感受、状态、咨询动机和期望等。

2.高效率学习训练技术

高效率学习训练技术是由中国高效率研究院研发的一项心理训练技术，该技术以心理学、教育心理学、心理辅导等为背景，以中国传统文化与传统中医理论为基础，把学生在学习中的情绪、目标、专注力、家庭正能量、考试焦虑等的几个重要因素进行实践化的操作与训练，让学生在轻松愉悦中达到高效率的学习，让学生真正从学习的繁忙中解脱出来。

（二）辅导安排

辅导时间：每周1次，每次50分钟左右，共4次。

七、**辅导过程**

（一）辅导大致分为以下阶段：

1.诊断评估与辅导关系建立阶段。

2.实施心理帮助阶段。

3.结束与巩固阶段。

（二）具体辅导过程：

1.第一次辅导

时间：2019年5月6日上午10点

地点：学校心理辅导室

目的：了解求助者兰兰的基本情况，建立良好的辅导关系，共同制订辅导目标。

方法：通过摄入性会谈了解兰兰的基本情况，对来求助的问题进行评估与诊断。通过对兰兰心理问题的分析，确定使用哪种心理辅导技术，共同商定辅导目标。

2.第二次辅导

时间：2019年5月11日下午3点

地点：学校心理辅导室

目的：处理求助者恐惧情绪，使其达到放松状态

方法：高效率学习训练技术之负性情绪处理

流程：

感受性测试：抬手法，测试结果是感受性良好。

水晶球导入放松状态，检测身体放松程度。

负面情绪事件呈现，并打分。

运用穴位法处理负面情绪。

积极情绪事件呈现，想象开心的场景，并打分。

固化，利用语言引导，调动兰兰愉悦的情绪。

唤醒，并进行催眠后暗示：眼睛明亮、头脑清醒、心情愉悦。

家庭作业：让兰兰听【睡吧】，进行渐进式放松训练和调理失眠的放松训练，记录自己一周失眠的次数。

3.第三次辅导

时间：2019年5月18日上午10点

地点：学校心理辅导室

目的：继续改善睡眠状况，处理负性情绪

方法：会谈法与高效率训练技术之负性情绪处理

流程：

（1）通过会谈，了解到兰兰睡眠质量有所改善，但是至少要听4遍【睡吧】，想到被狗吓到时就睡不着了，所以心理辅导老师与来访者商议，再做一次负性情绪处理。

（2）水晶球导入到渐进式放松状态。

（3）检测身体放松状态，穴位加深。

（4）运用穴位法处理负面情绪。

（5）积极情绪事件呈现，想象开心的场景，并打分。

（6）固化，利用语言引导，调动来访者愉悦的情绪。

（7）唤醒，并进行催眠后暗示：眼睛明亮、头脑清醒、心情愉悦。

家庭作业：继续听【睡吧】进行渐进式放松训练，记录自己一周失眠的次数及上课注意力集中的情况。

4.第四次辅导

时间：2019年5月18日上午10点

地点：学校心理辅导室

目的：继续处理负性情绪，改善睡眠状况，通过专注力

方法：会谈法与高效率训练技术之专注力训练

流程：

（1）通过会谈，了解到兰兰睡眠有了很好的改善，但上课还会有注意力不集中的时候，所以心理辅导老师与兰兰商议进行高效率专注力训练。

（2）水晶球导入渐进式放松状态。

（3）检测身体放松状态，下楼梯加深。

（4）让兰兰在潜意识状态下阅读单词，如果在暗示期间发现来访者受到其他声音的干扰，则暗示她："外面的声音你能够听到，但是你会全神贯注的集中所有的注意力在你面前的这本书上和我引导的声音

上。"

（5）固化，利用言语引导，让来访者记住专注学习的状态，加深效果。

（6）唤醒，并进行催眠后暗示：眼睛明亮、头脑清醒、心情愉悦。

（7）结束辅导，通过心理辅导，让来访者能把放松训练、专注力训练应用到实际中去，学会调节情绪，从而更加健康、快乐的生活与学习。

八、辅导效果评估

1.求助者自评："通过心理老师的辅导，我能睡个好觉了，精力充沛，上课不走神了，学习效率提高了，我很开心。"

2.辅导老师观察：求助者脸上的笑容多了，也有精气神了。通过专注力的训练，学习效率提高了。

3.教师反馈：求助者的情绪明显好转，上课能认真听讲，不走神了。

九、辅导感悟

本案例从辅导目标的设定、辅导过程的实施，心理辅导老师与求助者兰兰建立了良好的辅导关系，从而达到了很好的效果。高效率学习训练技术是一项很实用的技术，在今后的心理辅导工作中，我会继续钻研此项技术，希望通过这项技术帮助更多的学生，让学生拥有更健康的心理状态，让自己在心理辅导的道路上不断成长，越走越远。

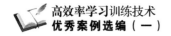

2-3案例：

高效率学习技术让学生高效备战中考体育测试

【摘要】本案例是对一例初四女生看到好友因为跳远发生了意外，对跳远产生了恐惧心理问题进行辅导的案例报道。文章陈述了产生心理问题的原因、原因分析和评估诊断。心理辅导老师运用高效率学习训练技术，帮助求助者通过放松训练和积极的心理暗示置换消极情绪，解除了求助者的心理恐惧和焦虑，取得了令求助者满意的辅导效果，基本达到了心理辅导的预期目标。

【关键词】心理恐惧焦虑　高效率学习训练技术　心理暗示　情绪调节

一、 个案基本信息

小月，女，汉族，15岁，某初中四年级学生，独生女，身高1.72米，体态正常，身体健康，无重大疾病史，无家族精神疾病史，小月性格温和内向，善于语言表达，且清晰流畅。小月的父母都是有学历的人，虽然平时上班都比较忙，但对小月比较关心，管理比较严格。近期出现恐惧焦虑现象，情绪低落，食欲不振，话语不多。

二、 个人主述

有一次看到好朋友跳远的时候一下子就摔倒了，膝盖出了好多血，把外裤都给染红了，脸部和手都摔破皮了，而且后来她的膝盖和脸部，都留下了小疤痕，从此对跳远产生了深深的恐惧。由于还有5周就要中考体育达标了，所以近期感觉恐惧不安，担心自己的体育成绩会影响中考成绩，导致食欲不振，睡不好觉，即不愿和同学交往，也又不想和爸爸妈妈说，怕他们担心，自己一个人忍受煎熬。

三、观察和反映

（一）心理辅导老师了解和观察到的情况

小月，纤瘦，扎着一个利索的马尾辫，干净，问一句说一句，没有多余的话，声音细小，语速很慢，表情疲惫，提不起精神。

（二）同学反映

小月性格内向，穿着讲究，干净利索，头发梳理的很整洁，一看就是比较注意个人形象的女孩子。沉默寡言，性格随和，学习比较努力，成绩在班级一直都很好。

四、评估与诊断

（一）初步诊断

求助者因意外事件引起内心产生恐惧情绪，属于一般心理问题。

（二）鉴别诊断

生物学原因：

1.青春期的女孩爱美，敏感。

2.医院检查没有器质性病变。

心理原因：

1.小月眼见好友因跳远摔倒，脸上出血、留疤，虽然不细看根本看不出来，但在小月心理产生巨大影响。因为女孩比较注意个人形象，很爱美，所以会更加注意脸上的那个疤痕。从而不敢跳远，产生了恐惧心理。可是中考的跳远成绩又不能不要，所以对二者产生了双趋式冲突的心理矛盾状态。

2.时程不算长：对跳远产生的恐惧心理大概有两个月左右。

3.不良情绪的波动尚在可控的范围，没有对学习成绩产生严重的影响。

五、辅导目标的制订

辅导目标：依据以上的诊断与评估，同求助者小月协商，确定如下目标：

1.运用高效率学习训练技术，解除求助者小月的恐惧心理障碍，使

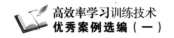

她以积极的态度和热情投入到学习和生活中去。

2.帮助来访者小月正确对待挫折和困难，学会辩证的分析和看待问题，增强自信。

六、**辅导方法及原理**

（一）辅导方法及原理

1.高效率学习训练技术

高效率学习训练技术是由中国高效率研究院研发的一项心理训练技术，该技术以心理学、教育心理学、心理辅导等为背景，以中国传统文化与传统中医理论为基础，把学生在学习中的情绪、目标、专注力、家庭正能量、考试焦虑等的几个重要因素进行实践化的操作与训练，让学生真正在轻松愉悦中达到高效率的学习状态。

（二）辅导安排

辅导时间：每周一次，每次50分钟，共4次。

七、**辅导过程**

辅导大致分为以下阶段：

1.辅导过程分为三个阶段：

（1）第一阶段是心理评估和诊断阶段，建立起初步关系，收集资料，进行心理诊断，确定目标。

（2）第二阶段是辅导阶段，帮助求助者小月分析和解决问题，逐步克服心理恐惧。

（3）第三阶段是巩固与结束阶段，提高小月跳远成绩和心理健康水平。

（三）具体辅导过程

1.第一次辅导

时间：4月12日下午2点

地点：心理辅导室

目的：消除来访者小月的心理恐惧障碍

方法：采用渐进式放松训练的方法

过程：

为了让她信任我，打消疑虑，我先给他讲解了一下心理学的头脑理论。教她学会了腹式呼吸的方法。为了便于观察她的反应，我选用了【学吧】来帮助她做放松训练。

"现在老师要给你做一下暗示感受性测试，无所谓好与坏，对与错，就跟随老师的指令，让它自然发生就好。选择一个舒适的姿势坐好或躺好……"经测试她的言语暗示感受性较好，接着导入放松状态。

当她听到"吸气时身体有一种向上飘浮的感觉"时，我看到她的身体有一些向上动的反应，当她听到"呼气时感到身体在下沉"时，我又看到她的身体有一些向下沉的放松感。

当她听到"小腿放松的同时，你会感觉有一种温暖的暖流涌向了你的脚心"时，我看到她出现了"快眼动期"，我知道她已经放松得很好了，心中一阵窃喜。不一会我就听到了她沉沉的、均匀的呼吸声。然后植入了消除恐惧的暗示引导。

接近唤醒时，我把自己温热的手放在了她头顶的"百会穴"，当我说"过一会儿，我会从3数到1的时候，你就醒来，醒来以后头脑清醒、眼睛明亮，心情愉悦"，同时我的手微微下按，并说"醒来！"，她马上跟随指令睁开了眼睛，醒来后我留心观察她，发现她眼睛真的明亮了许多，呈现出了自然睡醒后的神清气爽的状态。

布置作业：要求小月回家多练习渐进式放松训练。

总结分析：由于还有5周就要中考体育达标了，所以时间紧，任务重。安排对她进行一周一次的放松训练。从她的描述中可以听出，她是由于看到同学摔伤，然后才对跳远而产生了心理障碍的，并不是不具备跳跃的能力和技术。

2.第二次训练

时间：4月19日下午3点

地点：心理辅导室

目的：消除来访者的恐惧心理障碍

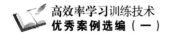

方法：负性情绪处理

过程：

1.感受性测试：水晶球测试法

她能听从我的指令，注意力比较集中，没有出现身子和头也一起动的现象，说明她视觉接受信息能力也是很好的。

2.水晶球凝视导入到放松状态：

小月跟随我的指令，通过水晶球凝视，身体向后倒的一瞬间，我的另一只手托住了她的后背，顺势把她放倒靠在椅背上，让她体验舒适和安全的感觉，在放松状态多待一会儿。

3.负性情绪呈现

"现在，你去想象一下那个令你不敢跳远的场景或画面，当你能想到这样的画面时，点头示意"。我略微等待了一下，看见她有"点头"的动作了。"好，体会你现在的心情，假如0～10分是你情绪的分数，0分是心情平静，10分是心情最糟糕，给你现在的心情打一个分数。"小月停顿了一小会儿之后告诉我"10分"。

4.处理负性情绪

通过打开头部像小烟囱一样的"四神聪"穴处理负面情绪，逆时针打开穴位，继续引导：

"刚才令你不开心的，10分的情绪会顺利的，从头顶上方像小烟囱一样缓缓地排除出体外，你现在排除的情绪是什么颜色的？""黑色的。""有什么气味？""酸味的。""是什么形态的？""气态的。"继续等待排放一会儿。

处理情绪后测试情绪状态打"3分"。小月的情绪从10分明显下降到了3分，然后告诉她，按顺时针关闭了头顶的"四神聪"穴。帮助她调整呼吸，再次进入到放松的状态。

5.积极情绪呈现

"现在，你去想象一个能让你特别开心的一个画面或场景，把你自己想象成一只可爱的青蛙站在了跳远的起跳线前，轻轻地纵身一跃，就跳出去了很远，你开心的回头望向起点，发现自己是完全可以跳出去的，脸上洋溢着胜利的微笑，心情特别的愉悦……能想象到这个画面时，可以点头示意我。好，非常好，假如0～10分是你心情的状态，0分是心情平静，10分是心情最开心，你给现在自己的心情打几分？"小月回答道"10分"。

6.情绪置换

"好，现在带着这种10分开心的心情回到刚才那个让你不开心的场景，0～10分，10分是最不开心，现在是几分？"小月回答道"1分"。

7.再次呈现正向事件

"好，调整呼吸，放松下来，再次去想那件让你开心的那个场景，好，睁开眼睛，在水晶球里看到刚才你想到的那个画面的场景，定格。现在这个场景向你拉近，越来越近，当水晶球落下时，迅速闭上眼睛，再一次进入放松状态。"

8.加深后唤醒

"一会儿我会从3数到1，当我数到1时你就会醒来，醒来以后，你会感到头脑清醒，眼睛明亮，心情愉悦好，好，3，2，1，醒来！"

询问醒来后的感受时，小月说："老师刚才那个想象自己是只可爱青蛙，纵身一跃的画面，让我感觉身临其境了，像真的一样，画面很清晰。"小月兴致勃勃地向我娓娓道来。"那你站在起跳线前时，就把自己想象成那只青蛙，轻轻地纵身一跃，就能跳出很远了。""好的老师，我试试……""我相信你一定行！"

布置作业：回家让父母拿一根跳绳从离地面10cm开始逐渐抬高至20cm，让小月把自己想象成那只青蛙跳，反复练习。

总结分析：小月有了想跳跳试试的勇气，说明利用负性情处理的技术对她是有效的，更增强了我继续帮助小月的信心。其实，小月对跳远的心理障碍没有她自己想象的那么严重，只是女孩子对自己的容貌比较在意，所以我相信经过2到3次的处理，一定会解决的。

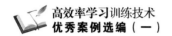

3.第三次训练

时间：4月26日上午10点

地点：心理辅导室

目的：消除来访者的恐惧心理障碍，巩固辅导成果

方法：负性情绪处理

过程：

再见到小月已经是7天后了。小脑袋一伸，第一句话就说："老师，我这几天不仅敢跳了，而且也比那天跳得远了，可是跟我原来的最好成绩还差好远呢。""别着急，慢慢来。"我安慰的说道。"不过，我妈妈已经很满足了。"从她说话的语气中我感觉到她心情已经很轻松了。

为了巩固第二次训练的成果，我这次还是用负性情绪处理的技术给她做训练。

布置作业：回家进行立定跳远的远度练习。

总结分析：几天后她跑到我的办公室，跟我说她跳远的成绩没问题了，到此我也很欣慰，利用高效率学习技术帮助了这个孩子解决了心理障碍问题。

4.第四次训练

时间：5月10日下午3天

地点：心理辅导室

目的：消除来访者的心理障碍

方法：考试焦虑处理

过程：

可是就在中考体育测试的前两天，她又找到我说："老师，后天就要体育测试了，我怕我到考场上一紧张就不敢跳了。"看来小月这是考前焦虑了。针对小月的考前焦虑问题，我准备利用高效率学习训练技术中的心理能量裂变技术帮她处理一下考前焦虑问题。

1.导入到放松状态：水晶球导入法。

2.测试法她放松的程度：用抬手法测试。

3.模拟考试的现场过程：

"现在你去想象一下明天早上醒来，空气清新，心情愉悦，穿戴整齐，迈着自信的步伐向考场走去。好，现在我们来到了考场，你从容地站在跳远的起跳线前，调整呼吸，屈膝摆臂，把自己想成那只灵活的青蛙，纵身一跃，轻松地跳过满分线，然后轻松地走出考场。好，现在调整自己的呼吸，做几次腹式呼吸，更加放松，体会这种放松的感觉。"

4.催眠后暗示：

"你知道刚才我们一起经历了一次考试的场景，它是清晰真实发生的，在明天的考试中你会轻松从容地面对，会像今天我们做过的练习一样沉着冷静地去应对。"

5.唤醒

"一会儿我会从3数到1，当我数到1时你就会醒来，醒来以后，你会感到头脑清醒，眼睛明亮，心情愉悦，好，3，2，1，醒来！"

"老师，刚才的场景就是我考试的场景吗？感觉很真实。""是的，你一定会取得好成绩的，相信我，也相信你自己，加油！"

八、**辅导效果评估**

1.来访者自评：

"老师，通过您的辅导，立定跳远项目考核中我顺利起跳，取得满分的好成绩。我真高兴。同时也感觉到了有些事情并不像自己想象的那样难，也对以后的学习和生活都充满了信心，老师谢谢您！"

2.心理辅导老师观察：通过后期跟踪调查，来访者现在上课认真听讲，精神饱满，乐观开朗。

九、**心理辅导感悟**

在本案例实施过程中，心理老师与求助者小月首先建立起了良好的信任关系，全面了解和分析求助者小月的心理困惑，也得到了求助者小月和她家长的积极配合，有针对性的采用高效率学习技术帮助求助者小月解决了问题，取得了良好的辅导效果的同时也能够让小月高效备战中考体育测试。

第三模块

专注力训练技术

3-1案例：

一个小学生专注力提升辅导的案例报告

【摘要】"给孩子最好的学习方法就是让孩子聚精会神地去学习。"—蒙台梭利。专注力是做好一切事情的开端，小学生的注意力易于分散并不能长久，专注力差，教师通过运用高效率学习中的专注力训练技术有效培养小学生的专注力体系，逐渐改善学生在课堂上注意力不佳的状态，最终达到让学生拥有高品质的注意力，提高学习效率与英语等学科的学习成绩。

【关键词】高效率学习技术　专注力训练　行为疗法

一、**个案基本信息**

小明，男，汉族，10岁，某小学三年级学生，独生子，身高体态正常，身体健康，无重大躯体疾病史，家族无精神疾病史。小明从小父母溺爱，五岁时父母离异，母亲离家，小明和父亲、奶奶一起生活，之后小明的父亲脾气变得暴躁，对小明非打即骂，教育方式简单粗暴，并且经常外出不回家，奶奶是没有文化的家庭妇女，照顾小明的饮食起居，经常在小明面前抱怨小明的妈妈，并且阻止孩子和妈妈接触。小明在校上课注意力不集中，东张西望，经常溜号，自我控制力差，总是做小动作，回到家做作业很难安心，不能全神贯注，边玩边写，容易受其他外界环境干扰，还与同学打闹，情绪波动大，易怒，性格比较外向，学习成绩不理想。

二、**个案陈述**

小明非常害怕自己的父亲，想念自己的妈妈，怀念小时候的快乐时光，由于从小没有养成良好的学习习惯，现在有主动学习的意愿，但不知道正确的学习方法，并且不能控制自己的溜号行为，在上课时不能集中注意力，不是因为不喜欢这门课程或者这科老师，而是自己很容易被身边其他事情干扰而转移注意力。

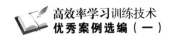

三、观察和搜集他人的反映

1.心理辅导老师了解观察情况：

该名学生外表比较整洁，在交谈时很愿意表达，但注意力不集中，思维敏捷，语速较快，善于察言观色，好奇心较强。

2.班主任反映：

该生思维敏捷，性格外向，比较懂事，但是学习习惯非常不好，上课集中注意力时间较短，经常不能完成学习任务。情绪波动较大，曾几次在班级中大哭并且说自己想念母亲，还会与同学发生口角，愿意做一些怪异行为引起他人的注意。

四、评估与诊断

（一）初步诊断为学习问题

（二）诊断依据

1.学生成长过程中，缺少父母亲的关爱，奶奶只能照顾学生饮食起居，却不能指导孩子正确的学习习惯。

2.学生心态较好，年纪较小。

3.不良情绪的反应是对母亲的思念。是人之常情，学习、生活基本正常，没有社会功能受损。

（三）鉴别诊断

1.该学生知情意统一，主客观一致，个性稳定，对自己的心理问题有自知力。没有幻觉、妄想等精神病性症状，可以排除精神病性障碍。

2.该学生的情绪反应由现实情境引发，没有泛化。情绪持续时间短，社会功能受到影响不大，可以排除神经症性心理问题和严重心理问题。

（四）来访者问题的原因分析

1.生物因素：儿童成长期受家庭教育环境影响情绪波动大、易怒。

2.社会因素：

（1）成长环境：长期缺少母亲的陪伴，父亲的教育简单粗暴，缺少父母的关爱。

（2）社会支持系统不利：妈妈不在身边陪伴成长，奶奶没有在学习习惯上给予正确的指导，孩子没有养成好的学习习惯，自我专注力不足。

3.心理因素：

（1）个性因素：年龄较小，属于行为养成阶段。

（2）认知原因：没有明确的学习目标，不知道正确的学习方法。

五、辅导目标的制订

根据以上的评估与诊断，与来访者协商，确定以下辅导目标：

1.与家长联系，相互配合，共同商讨干预方案。经过几次与学生的交谈，了解到学生上课注意力不集中的原因是多方面的，因此，在与老师和家长沟通后，家长全面、客观地了解孩子的情况，给家长建议了一些好的教育方法，经家长同意每周给学生做一次专注力训练，为了强化学生行为改变的效果，与学生订立行为契约。

2.经测试，学生暗示感受性较好，属于视觉和听觉混合型，可以应用高效率学习专注力训练技术，提高学生的专注力与学习效率。

3.应用认知调整、放松训练、专注力训练相结合训练的策略

六、辅导方法及原理

（一）应用的技术方法和原理

1.高效率学习专注力训练技术

"高效率学习技术"中的专注力训练，是针对学生专注力培养的一种学习方式，是一项让学生终身受益的学习方法。

2.行为塑造法

行为塑造法是根据斯金纳的操作条件反射原理设计出来的，目的在于通过强化而造成某种期望出现的良好行为的一项行为治疗技术。

（二）辅导安排

辅导时间：每周一次，每次40分钟左右，共4次。

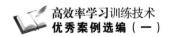
七、 辅导过程

（一）辅导大致分为以下阶段

1.诊断评估与辅导关系建立阶段。

2.实施心理帮助阶段。

3.结束与巩固阶段。

（二）具体辅导过程

1.第一次辅导

时间：2019年4月4日下午3点

地点：学校心理辅导室

目的：了解该名学生的基本情况，建立良好的辅导关系，确定学生的主要问题，制订辅导目标。

方法：摄入性谈话

流程：

（1）通过摄入性谈话收集该名学生的基本资料，探寻其具体问题和原因及改变意愿。

（2）认知调整

师：小明，对于目前的学习状况，你是怎么想的?

生：老师，我特别想好好学习，可是我上课的时候总是不自觉的溜号。

师：老师特别理解你的心情，出现这种情况你觉得是什么原因呢?

生：上课的时候我的脑袋里总会想很多别的事，我怕我爸爸总打我，我很想我妈妈，我很讨厌奶奶总说妈妈的坏话，我很难过。

师：怎么才能好起来呢?

生：我不知道，我想我听话好好学习，爸爸就不会总生气了，而且妈妈也会来看我了吧。

师：是啊，那现在开始怎么办呢?

生：上课要认真听讲对吗? 老师。

师：是的，老师教会你专注学习的方法，就会改变现状，愿意吗?

生：当然愿意啊，那可太好了！

（3）向学生简单说明高效率学习训练技术的原理和作用，并给小明做暗示感受性测试和简单的放松训练。

（4）共同制订辅导目标。

（5）布置作业：每天睡前练习腹式呼吸10次。

2.第二次辅导

时间：2019年4月11日下午3点

地点：学校心理辅导室

目的：改善学生专注力

方法：高效率学习专注力训练技术

流程：

（1）了解小明这段时间心理变化，小明对学习有了新的认识，与家人的相处关系有所改善，与小明共同制订新的辅导目标。

（2）利用高效率学习专注力训练技术进行辅导。

①渐进式放松训练导入。

②检测放松程度、穴位加深放松状态。

③专注力训练，选取一篇语文课文练习。

给小明导入深度放松后，继续引导："好，现在老师要带领着你做一些训练，你很愿意体验这个训练，现在你的注意力完全集中了，一会儿，我会在你面前放一本语文书，我会让你睁开眼睛，你的所有注意力都会集中在你面前的这本书上，我会选择一篇课文让你来阅读，你会全神贯注，周围的声音你会听到，但不会影响你的注意力，你会把所有注意力都集中在书本和我引导的声音上。现在睁开眼睛……"

"如果你觉得这段课文你看好了，你就可以把书合上，再次闭上眼睛，进入到放松状态。"

"你会记住今天我们训练过程中这种学习的方式和快乐感觉，从今天开始，每一次学习时，你都会迅速地进入到这种轻松、愉快、高效的学习状态"。

④固化。

⑤唤醒前暗示。

⑥唤醒。

（3）布置作业：

每天睡觉前做渐进式放松训练，每天读一篇语文课文。

3.第三次辅导

时间：2019年4月18日下午3点

地点：学校心理辅导室

目的：加深辅导关系，就学习方法等一些观念上，继续交流，提高专注力水平。

方法：会谈，高效率学习专注力训练技术。

流程：

（1）学生反馈学习情况，睡前放松练习很舒服，主动提出愿意继续练习。

（2）利用高效率学习专注力训练技术辅导学生。

①导入渐进式放松状态。

②检测、运用"下楼梯"的指导语加深放松。

③运用专注力训练技术；选取英语单词体会学习感受。

④固化，引导学生对专注力集中状态下学习的感受加深体会，逐渐在潜意识形成自动运转机制。

⑤唤醒前暗示。

⑥唤醒。

（3）布置作业：

每天选取英语单词进行背诵，向老师及时反馈，比之前背诵的效率提高多少。

4.第四次辅导

时间：2019年4月25日下午3点

地点：学校心理辅导室

目的：提高学习效率，掌握学习方法，结束辅导。

方法：会谈，高效率学习训练技术。

流程：

（1）辅导效果反馈：学生的学习状态比较稳定，利用注意力训练后，增强了记忆力，提高了学习效率。

（2）利用高效率学习专注力训练技术辅导学生。

①导入：水晶球导入放松状态。

②检测及加深：采取"下楼梯"的指导语进行加深。

③专注力训练：选取完成数学练习题进行训练。

④固化：在今后的学习中都会带着这种注意力高度集中的状态进行学习，大大地提高了学习状态和学习效率。

⑤唤醒：配合积极正向的指导语将其唤醒。

（3）为学生指出今后努力的方向。

八、辅导效果评估

1.来访者自评： 我专注力提高了很多，听课比较认真了，在家中也能专心的完成各科作业，学习变成了一件可以自主轻松完成的事情。

2.辅导老师观察：通过跟踪了解，学生已经基本掌握了高效率学习方法，学习目标明确，学习有了动力。

3.教师反馈：学生情绪状态有明显变化，听课比较积极，能全神贯注地听讲了，课后能认真完成作业。

4.家长反馈：学生回家后能主动认真完成作业了，能主动与家人沟通，家长积极配合，教育方式有所改变。

5.辅导效果：

主要的变化是小明注意力的改善，上课时能安静地坐在座位上，集中注意力听老师讲课的时间逐渐延长，对外界干扰有了抗干扰能力，有效的听课时间增长了，在家中能主动高效专心的完成作业，成绩稳步提高。

九、辅导感悟

在本案例中，求助者是一位小学三年级学生，由于成长环境的影响，没有养成良好的学习习惯，在辅导中利用高效率学习训练技术，提升了学生学习专注力，辅导效果较好，从根本上解决了学生学习困难的问题。

在学校学习中不乏存在注意力不集中的学生。因此，如果能在小学阶段就给予学生做一些训练注意力集中的方法和技巧的指导，使其养成集中注意力的习惯，将有助于他们今后的学习和生活。

3-2案例：
一例初中学生注意力不集中辅导的案例报告

【摘要】心理辅导老师主要运用经络催眠和高效率学习放松技术针对一例初中生注意力不集中案例进行辅导。心理老师根据该初中学生的个人特质和问题特点，通过采用高效率学习训练技术、放松训练技术和行为矫正疗法等技术，进行了进一步的干预，取得了良好的辅导效果，使求助者的注意力集中程度得到显著提升。

【关键词】注意力　高效率学习训练技术　初中学生心理辅导

一、个案基本信息

杨某，男，初中一年级的学生，独生子，身高体态正常，无特殊疾病，无生理异常指标，家族无精神病史。由于父母属于外来务工者，工作繁忙。所以杨某幼年期和少年期都和爷爷奶奶生活在一起。初中后，杨某由母亲开始抚养，父亲在外打工，一个月回来一次。但母亲工作比较忙，下班比较晚。杨某中午和晚上在母亲下班前，都需要在小饭桌吃饭和学习。最近上课经常溜号，喜欢看热闹，注意力容易分散，在座位上搞小动作的时候很多，学习注意力集中时间不长，学习成绩一路下降，由老师带来寻求帮助。

二、个案陈述

我是一名初一学生，我从小学起就总因为上课不认真听讲而被找家长，老师总批评我。上课我总是控制不住溜号和分神，如果老师管得很严，我可能会注意力集中些，不严我就溜号搞别的了。在家写作业我也常常三心二意，背东西很慢，作业完成的质量也不好，学习成绩也总是在退步中。

三、观察和搜集他人的反映

辅导老师观察：该生思维敏捷，表达能力较好，但是小动作很多，目光游离，心神不宁。

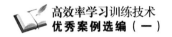
班主任反映：

1.注意力非常容易转移，班级发生任何事情都能分散他听课的注意力。

2.上课坐不住总是在动。不是手里摆弄些小东西，就是不停地换各种坐姿，要么就是前后的晃荡椅子。

3.写字时难以静下心来工工整整地写字，字迹潦草、做题马虎，学习不认真。

4.做作业拖拉缺少效率，不专注。需要老师或者家长看着，否则就不能高效完成。

四、评估与诊断

（一）初步诊断杨某为学习注意力不集中的问题。

（二）诊断依据

1.根据杨某心理活动的内在协调性判断，他主客观统一，知情意协调一致，人格有相对稳定性，有自知力，有求助愿望，没有表现出幻觉、妄想等精神病的症状，因此可以排除精神病。

2.杨某的心理问题是由明显的自身因素引起的，在症状上，表现出注意力不集中，从严重程度看，尚未泛化。

（三）鉴别诊断

杨某学习注意力不集中，属于一般心理问题。

（四）来访者问题的原因分析

1.生物因素：杨某的性格特点就是活泼开朗好动的，所以很难保持长时间的注意力集中。

2.社会因素：杨某从小和爷爷奶奶一起生活，爷爷奶奶对他的家庭教育偏向溺爱，他在行为习惯和学习习惯上都没有得到良好的培养，导致他养成了很多不良习惯。家长在杨某10岁时，认识到问题的严重性，才把他接回身边抚养。但是坏习惯一旦养成不是一朝一夕能够改变的。加上他的母亲工作繁忙，晚上回家也很晚，他中午和晚上放学都需要在小饭桌学习等待，缺少父母的陪伴和教育。

3.心理因素：杨某对学习的动机还停留在外部动机，主要是为了让老师和家长高兴，学习动机尚未内化。

五、辅导目标的制订

根据以上的评估与诊断，与来访者协商，确定以下辅导目标：

1.帮助杨某上课减少小动作，目光不游离。

2.帮助杨某写作业注意力维持时间较长一些，完成作业效率逐渐提高。

3.帮助杨某做提升专注力的专门训练。

六、辅导方法及原理

（一）应用的技术方法和原理

1.高效率学习放松训练技术。

2.让求助者杨某和家长共同制定行为改变方案，并不断反馈实施。

3.在辅导过程中帮助求助者杨某学会一些注意力提高的训练方法。

4.认知疗法。

（二）辅导安排

辅导时间：每1周次，每次60分钟左右，共3次。

七、辅导过程

（一）辅导大致分为以下阶段：

1.诊断评估与辅导关系建立阶段；

2.实施心理帮助阶段；

3.结束与巩固阶段。

（二）具体辅导过程：

1.第一次辅导

时间：2019年6月4日上午9点

地点：学校心理辅导室

目的：了解杨某的基本情况和诉求

方法：填写辅导记录表格，进行摄入性谈话

流程：向杨某简单介绍了高效率学习训练技术的简单原理，让他获

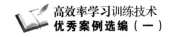
得安全感，提高对辅导老师的信任感。

在训练开始前，我先运用抬手法和水晶球测试法对他进行暗示感受性测试，了解到他的感受性是偏向听觉型的。所以我选择用渐进式放松指导语进行放松导入。

鉴于是第一次个别辅导，担心杨某比较难以进入放松状态。所以第一次辅导不进行专注力训练，只对他进行放松训练。

我第一次进行抬手放松程度测试时，感觉到他还是没有进入放松状态，他的手臂还有力量支配，所以我继续通过语言引导，然后根据杨某的呼吸频率数数字进行加深。第二次进行抬手法测试放松程度时，观察到他放松的程度已经达到很浅度放松的程度。所以继续进行了一个"下楼梯"的情景加深训练。加深训练后继续进行放松引导，观察到他的头开始微微低垂，放松程度很好了。我让他和这样的自己静静地呆一会，停止了语言引导。过了一会儿，才将他唤醒。

放松训练后，杨某表示过程中有些时候感觉恍恍惚惚的，但是感觉像睡了很长时间一样浑身很轻松。我对他的放松程度给予了肯定，和他约定以后上课和写作业之前做几次腹式呼吸让自己注意力集中起来，下一次来做训练时反馈训练情况。

2.第二次辅导

时间：2019年6月11日下午3点半

地点：学校心理辅导室

目的：改变杨某的不良认知，激励他认识到自己的注意力集中程度是可以通过训练和自我意志提升的。

方法：通过放松训练注意力集中的状态，并固化。

流程：一周后，到了我们第二次辅导的约定时间。杨某表示这一周没能每次都在要学习之前做腹式呼吸，但是做了腹式呼吸再学习后，感觉注意力真的集中了。

因为是第二次辅导，我们就不再做感受性测试，直接导入渐进式放松状态。这次明显比之前进入状态速度更快一些，第一次做抬手法测试放松程度的时候，他的放松程度就已经达标了。我运用"下楼梯"情景技术对他进行加深后，加入了专注力训练的指导语，然后让杨某睁开眼睛背诵英语短语。30个英语短语杨某不到10分钟就背完了。接着我们回到放松状态，做催眠后暗示并唤醒。我考来访者之前背的短语，他30个短语只错了4个。他很高兴，没想到自己会背得这么快。这次训练不仅坚定了他的信念，也同时坚定了我的信念。

最后我们约定从今天开始每天有意识地关注自己注意力可以坚持多久不分散，下次辅导的时候和我交流。

3.第三次辅导

时间：2019年6月18日下午3点半

地点：学校心理辅导室

目的：反馈辅导作业，进一步提升注意力集中状态。

方法：利用舒尔特方格和高效率学习放松技术进一步训练专注力。

流程：训练开始前，我们先简单交流了一下这周他的情况。当我问到他在开始学习后能坚持多久可以注意力不分散时，他有点不好意思地说，20分钟左右就会开始溜号，但是他记得我们之前的约定，溜号了就做两个腹式呼吸重新集中注意力。我很开心地肯定了他能坚持20分钟，以他这个年纪已经是非常厉害的了，并且鼓励他继续坚持我们的约定，以后一定会越来越棒的。

这次训练我准备了两张《舒尔特》81方格表，让杨某在方格中从数字1一个一个按顺序指到81。第一次完成的成绩是588秒。接着按照常规步骤我对他进行了放松训练，在他保持放松状态下，暗示他注意力全神贯注地集中在面前的这张纸方格上，不唤醒只是让他睁开眼睛重新进行另一张舒尔特方格表的训练。这一次从1到81点读，只用了302秒。放松后做积极暗示，然后唤醒。

通过这次训练，杨某发现原来自己当专注力更加集中的时候，进步会如此明显。我进一步鼓励他，其实你拥有你所需要的一切特质，相信自己能做到并努力尝试，你当然会越来越优秀的。

同时我还和杨某的父母做了简单的交流，表达了杨某的辅导需要家庭的配合。针对杨某的个体情况，我对他的母亲提出了几点建议。

（1）当孩子开始学习后，尽量不要去打扰孩子，也不需去查看孩子学习的状态，给孩子一个安静的独立空间。

（2）鼓励孩子在进行一段时间的学习后可以休息一下，并做简单的运动，达到放松的目的。

（3）多和孩子尽量平等地交流，切忌唠叨，避免引起孩子的逆反情绪。

（4）培养孩子整理物品的习惯，移除孩子学习桌上会干扰孩子注意力集中的物品，减少干扰。

（5）鼓励孩子拥有梦想，引导他为了梦想而努力。

八、**辅导效果评估**

1.来访者自评：通过辅导，我感觉自己的注意力的确有了明显的提高，上课注意力更集中了，写作业的效率也提高了。

2.辅导老师观察：杨某的学习状态和沟通状态得到了改善。

3.教师报告：上课精神更集中了，主动回答问题，在班级也更积极了，成绩有显著提高。

4.同学反馈：更加自信了，总要和别人比谁背得更快。

5.家长反馈：在家写作业不需要家长时刻监管了，自己知道要主动迅速地完成作业。

九、**辅导感悟**

在对杨某的心理辅导过程中，我体验到其实杨某非常迫切地想要改变自己注意力难以集中的状态，渴望得到老师和家长的肯定。同时，类似的问题也广泛地存在于很多初中生之中，是普遍性的心理问题。个体的辅导能够解决的范围是有限的，如果条件允许，应该在心理课上进一步地开展团体的心理辅导，进行团体高效率学习放松训练，帮助更多的孩子解决心理困惑和注意力无法集中等问题。

3-3案例:

一个初中生提高专注力的辅导案例报告

【摘要】专注力不集中是指个体无法将心理活动指向某一具体事物,无法抑制无关事物干扰的问题。专注力不够的学生通常只是在目标明确,而且枯燥乏味的任务上,会出现精力不佳的情况,在不需要意志努力的情境中却能保持比较长久的注意。

【关键词】专注力　高效率学习　训练技术

一、个案基本信息

李某,14岁,初三学生,家中的独生女,从小身体好,成绩一直处于中等偏上,个性开朗,乐于帮助同学,与同学关系融洽,深得同学喜欢。从她的家庭背景看,李某的母亲对她要求不高,父亲对其要求严格,但缺少耐心。最近因学习专注力不佳,导致学习效率受到严重影响,出现情绪低落,自我评价低,前来寻求帮助。

二、个案陈述

我在上课听讲时不能够全神贯注地听,有时候思想已经离开了课堂,开小差了。在做作业的时候专注力很短暂,做了一小会儿就会显得不耐烦,而且注意力会转移,结果作业常常拖到很晚才做好。在学习以外的感兴趣的活动,比如玩游戏,看电视等方面,专注力情况却很好。

三、他人反映

辅导老师观察:李某穿着校服,梳马尾鞭,比较整洁干净。在交谈时很少和老师对视,喜欢左顾右盼,偶尔看老师一眼,有时搓着手,语速较快,声音较低。语言表达清晰流畅,情感表达自如一致。

老师反映:李某性格外向,身体健康,无重大躯体疾病,家族无精神疾病史。

同学反映:李某上课时喜欢搞小动作,爱交头接耳说话。

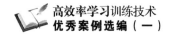

四、评估与诊断

（一）初步诊断

李某是专注力不够集中的学习问题，属于一般心理问题。

诊断依据：

1.学业压力大，初中课程速度很快，学习能力就会非常明显地出现偏差，压力越大就会导致孩子越不容易专注，学习信心也会被摧毁。

2.来自父母的压力，孩子看到的是指责和不停地讲道理，极容易产生抵触情绪。

3.自我认知比较薄弱，没有感受到我是独一无二的，父母是爱我的。

（二）鉴别诊断

李某对自己的心理问题有自知力。没有幻觉、妄想等精神病性症状，可以排除精神病性障碍。社会功能基本不受影响，可以排除神经症性心理问题和严重心理问题。

（三）来访者问题的原因分析

1.生物因素：李某正处青春期。

2.社会因素：来自学业及父母的压力。

3.心理因素：自控能力较差，自信心缺失，专注力不够。

五、辅导目标的制订

根据以上的评估与诊断，与来访者协商，确定以下辅导目标：

1.对待专注力不集中的孩子，辅导时应当充满耐心、爱心，帮助李某慢慢改善。

2.帮助李某澄清问题，用正面的行为来描述。

3.提高李某学习的专注力，使李某学习时感到注意力集中、精力充沛。

4.通过高效率学习专注力训练，使李某感到在学习时充满信心，注意力集中，心情轻松。增强自信、人际交往能力和社会适应能力。

六、辅导方法及原理

（一）应用的技术方法和原理

1.高效率学习训练技术

高效率学习训练技术是由中国高效率研究院研发的一项心理训练技术，该技术以心理学、教育心理学、心理辅导等为背景，以中国传统文化与传统中医理论为基础，从心理能量的角度，运用经络催眠的技术，把学生在学习中的情绪、目标、专注力、家庭正能量、考试焦虑等的几个重要因素进行实践化的操作与训练，让学生在轻松愉悦中达到高效率的学习，让学生真正从学习的繁忙中解脱出来。

2.认知行为治疗是20世纪60年代发展出的一种有结构、短程、认知取向的心理治疗方法，主要针对抑郁症、焦虑症等心理疾病和不合理认知导致的心理问题。它的主要着眼点，放在患者不合理的认知问题上，通过改变患者对己、对人或对事的看法与态度来改变心理问题。

3.辅导方案的制订

（1）指导李某进行放松训练，学会进行肌肉和情绪的放松，通过学习和掌握腹式呼吸方法，再通过放松训练技术进行全身放松消除杂念，消除负性情绪。

（2）利用心理能量聚焦技术对李某进行专注力训练。

（二）辅导安排

辅导时间：每周1次，每次40分钟左右，共3次。

七、辅导过程

（一）辅导大致分为以下阶段：

1.诊断评估与辅导关系建立阶段。

2.实施心理帮助阶段。

3.结束与巩固阶段。

（二）具体辅导过程：

1.第一次辅导

时间：2019年4月6日上午10点半

地点：心理工作室

目的：了解李某的基本情况，建立良好的辅导关系，确定主要问题，制订辅导目标。

方法：摄入性谈话

过程：

（1）填写辅导登记表，介绍训练中的有关事项与规则。

（2）通过摄入性谈话收集李某的资料，探寻其心理问题的原因及改变意愿。

（3）向李某介绍心理辅导的方法。简单介绍什么是意识和潜意识及其关系，说明高效率学习训练技术是利用催眠技术对其潜意识进行工作的方法，在潜意识工作的状态下宣泄情绪、输入正面积极的信念等，不仅能够塑造轻松、愉悦的情绪状态，还能提升学习专注力，进而提高学习效率。

（4）共同制订辅导目标。

（5）征求李某的同意，此次辅导结束和任课老师取得联系，沟通信息，以帮助学生建立良好的社会支持系统。

2.第二次辅导

时间：2019年4月10日上午10点

地点：心理工作室

目的：详细分析李某产生专注力不够对学习等方面的影响；共同制订辅导方案；向李某介绍认知行为疗法，找出不合理的信念。

方法：会谈、布置作业

（1）共同制订辅导方案。

（2）改变不合理认知：

如何帮助李某"自信"起来，让李某自己学会"专注"。

布置家庭作业：专注力挑战训练"找不同"7组画面每组两幅画，要求分辨出如：色彩、形状、线条、数量等不一样的地方。

特别注意：每组图片不可以超过60s。并把结果如实记录下来。

3.第三次辅导

时间：2019年4月17日上午9点半

地点：心理工作室

目的：检查作业反馈；深入交流情感连接；专注力训练

方法：会谈、高效率学习技术中的专注力训练

（1）导入：采用水晶球凝视法，将李某导入到催眠放松状态。

（2）测试：通过测试了解李某放松状态的程度。

（3）加深：利用穴位加深的方法对李某的放松状态进一步加深，让其在这放松的良好状态中，多待一会。

（4）训练：导入到高效率学习状态，进行下楼梯技术加深催眠程度。

（5）固化：进行催眠后暗示，让其树立今后学习中都会注意力完全集中，迅速地就能进入到高效率学习状态的信念。

（6）唤醒：配合积极正向的指导语将其唤醒。

（7）确认效果：醒来后再确认高效学习效果，训练书上的记忆内容。

八、辅导效果评估

1.来访者自评：老师找自己谈话，鼓励自己有进步，我喜欢做训练的感觉，上课溜号的情况没有了，专注力提升很多，觉得心情也好了很多。

2.辅导老师观察：李某在交谈的时候，眼睛明亮了，不再左顾右盼地溜号和分神，能够集中注意力了，可以和老师目光对视，自信满满。

3.教师报告：李某听课比较积极，主动回答问题，更愿意向老师请教问题了。

4.同学反馈：上课时，李某认真听课十分专注，不再搞小动作了，回答问题很积极。

5.家长反馈：在家里完成作业的时间大大缩短了，学习效率提升了。

九、心理辅导感悟

关于李某的辅导案例，需要注意的是，由于学习负担和心理压力较大，导致的专注力不够集中的问题，通过建立联系，会谈，完善认知，进行放松训练、专注力训练、减压的方法来解决专注力不够的问题，充分开发学生的潜能，效果还是十分明显的。实际上李某的这种状态，在学校的学生当中相当普遍，建议在小学、初中、高中都应该在适当的时间，为学生们进行高效率学习训练进行减压放松，以及做团体的注意力专门训练。

3-4案例：
一个小学生专注力辅导案例的报告

【摘要】这是一个因为注意力不集中，专注力较差而引起学习成绩差，从而导致情绪焦虑的一般性心理问题。心理辅导教师通过运用高效率学习训练技术，帮助求助者通过放松训练和积极自我暗示的方式逐步消除了他的适应不良情绪和行为，采用以消除负性情绪为核心的临床技术干预，使之恢复了正常考试状态，取得了令来访者满意的效果。

【关键词】专注力 认知行为疗法 高效率学习方法

一、个案基本信息

邹某，男，11岁，小学四年级学生，来自农村，父母均为农民，家庭经济状况一般，身体状况良好，没有得过重大疾病，父母都没有人格障碍和其他神经症障碍，家族无精神疾病史。邹某家中有一姐姐，家庭关系融洽，是本家族里唯一的男孩，家长对他的期望很高。近来出现学习不专注，上课溜号，搞小动作的现象，老师看管不住，在家人陪伴下前来寻求帮助。

二、个人陈述

自己很烦恼，上课手里总想拿东西玩，注意力集中时间很短，不愿意完成家庭作业，学习成绩差，知道这样不对，但很难控制自己。能维持与老师、同学的正常交往，对那些说自己学习不好的同学，有回避交往的想法，与亲密朋友之间愿意来往。学习成绩不好，有时觉得对不起父母的期望。

三、观察和搜集他人的反映

辅导老师观察：邹某着装整洁，意识清醒，思维正常，情绪有些焦虑，谈话语速较快，倾诉欲望强烈。在交谈中，一开始与老师眼神交流较少，对老师说的话不是很在意。经过学生本人和家长的同意给该生做专注力训练（心理能量聚焦技术）以及高效率学习方法训练。

班主任反映：该生没有得过重大疾病，身体状况良好，但上课注意力不集中，手里总是拿东西玩，注意力集中时间很短，学习成绩一般。多次与家长沟通，家长反馈说他在家很淘气，写作业时一会儿喝水、一会儿吃东西、一会儿上厕所，效率很低，经常不完成作业，家长很无奈。

同桌反映：上课老师讲课时，他手里总是在玩东西，不听老师讲课。

四、评估与诊断

（一）初步诊断

是注意力不集中的学习问题，属于一般心理问题。

（二）诊断依据

1. 来访者知情意协调一致，个性稳定，主客观世界统一，自知力完整，主动求助，并且没有幻觉、妄想等精神病症状，因此可以排除精神病。

2. 该来访者症状表现：没有影响逻辑思维，对社会功能没有造成严重损害，内容尚未泛化可以排除神经症和严重心理问题。

（三）来访者问题的原因分析

1. 生物因素：来访者没有躯体疾病，但对自己的学习成绩、学习能力深切关注，成绩差引发情绪波动，缺乏有效解决问题的行为模式。

2. 社会因素：

（1）存在负性生活事件：上课不能专注学习、成绩差。

（2）家庭教育中：父母宠爱，对来访者期望过高。

3. 心理因素：来访者缺乏有效解决问题的策略，无法自我约束。

五、辅导目标的制订

根据以上的评估与诊断，与来访者协商，确定以下辅导目标：

1.帮助邹某提高专注力，使他上课能自己约束自己，认真听讲。

2.帮助邹某做提升专注力的专业训练，能高效完成家庭作业。

3. 通过心理能量聚焦技术的干预，提高邹某某的自我意识，让他认识到自己对自身行为具有主导性，可以通过自己的主观意识控制自己的行为，并通过高效率学习训练方法的操作，提高邹某学习成绩。

六、**辅导方法及原理**

（一）应用的技术方法和原理

1.心理能量聚焦技术

2.高效率学习方法训练

（二）辅导安排

辅导时间：每1周次，每次40分钟左右，共4次。

七、**辅导过程**

（一）辅导大致分为以下阶段：

1.诊断评估与辅导关系建立阶段。

2.实施心理帮助阶段。

3.结束与巩固阶段。

（二）具体辅导过程：

1.第一次辅导

时间：2019年4月11日上午10点半

地点：小学活动室

目的：了解邹某的基本情况，建立良好的辅导关系，确定主要问题，制订辅导目标。

方法：摄入性谈话

流程：

（1）填写辅导登记表，介绍辅导程序以及注意事项。

（2）谈话，建立良好的辅导关系。

（3）共同制订目标。

布置家庭作业：

（1）听轻松音乐。

（2）每天做十分钟的串珠子游戏。

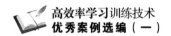

2. 第二次辅导

时间：4月18日下午3点半

地点：小学活动室

目的：负情绪处理，找出原因制订辅导方案。

方法：使用情绪处理技术

流程：

（1）暗示感受性测试，选择放松方式。

（2）使用渐进式放松训练方法。

（3）使用情绪处理技术，处理负情绪。

布置家庭作业：

每天做一次渐进式放松训练。

3. 第三次辅导

时间：4月25日下午3点

地点：小学活动室

目的：专注力的训练

方法：会谈、心理能量聚焦技术

流程：

（1）反馈辅导情况。

（2）用渐进式放松训练导入放松状态。

（3）利用心理能量聚焦技术，进行专注力训练。

（4）固化。

（5）唤醒。

布置家庭作业：

（1）自我放松

（2）自我暗示

4. 第四次辅导

时间：5月9日上午10点

地点：小学活动室

目的：反馈信息，通过高效率学习训练技术能提升邹某某的学习效率，提高学习成绩。

方法：会谈、高效率学习训练技术

流程：

（1）反馈信息。

（2）先导入到放松状态后测试催眠程度，程度足够深后再进入高效率学习状态。

（3）加深：数数字"下楼梯"方法。

（4）催眠后暗示：

"你的所有注意力都会集中在你面前这本书上，你会记住这种感觉，每次当你开始学习时，你都会注意力完全集中，迅速地进入到现在这种高效的学习状态中"。

（5）唤醒。

布置家庭作业：

（1）专注力训练

（2）放松训练

八、辅导效果评估

1.来访者自评：

上课时心情好了，头脑清晰，能自我控制，自己能及时调整学习状态，学习成绩提高了。

2.辅导老师观察：

通过四次的心理辅导，已经完成了预定目标，邹某专注力有进步，家长很满意。

3.教师反馈：

他上课积极发言，能较长时间集中注意力，跟着老师的思路走，能按时完成作业。

4.同学反馈：

上课时不再玩玩具，积极回答老师提问的问题，学习成绩提高了。

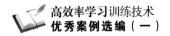

5.家长反馈：

能专注地写家庭作业，并且能按时完成。每天心情很好，学习成绩提高了。

九、 辅导感悟

本次通过高效率学习技术中的心理能量聚焦技术的操作应用，与来访者建立了良好的关系，同时也得到了班主任、家长的积极配合，使得本次案例完成了预定目标，使我能更好地掌握高效率学习训练这项技术，为以后的心理辅导工作积累了经验。

3-5案例：
专注力训练技术在语文工具性阅读教学中的应用实践

【摘要】专注力训练技术与学科教学的有机融合，吹响了中国本土高效率学习训练技术向课堂进军的号角，也为中国课堂教学的改革提供了范例。本文以《别了，不列颠尼亚》一课为例，从理论诠释到案例展示，系统阐释专注力训练技术与高中语文阅读教学的融合方法，力求打造凸显方法引导、重视语文工具性特质、追求高效的语文阅读课堂。

【关键词】高效率学习训练技术　专注力　工具性　融合

一、研究背景

纵览我国的高中语文阅读教学现状，近些年过于偏重人文性的挖掘，而忽视工具性特质，有些矫枉过正的倾向。表现在：

过于重视对阅读内容的深度挖掘，忽略普适性阅读方法的传授。语文教师通常会耗费大量精力，去挖掘阅读材料所蕴含的思想与哲理，沉迷于对具体阅读题目的解析，而忽略阅读方法的渗透。语文作为一个特殊的学科，兼有工具性特质和人文性特质，忽略任何一方都会阻碍学生语文素养的形成。过于偏重人文性而忽略工具性特质，学生会因听说读写能力弱而无法表达出深刻的思想。很多学生阅读缺乏方法，阅读处于自发阅读状态，即能读到哪里算哪里，能读多少算多少，能获取多少信息量就获取多少信息量，能理解到啥程度就算啥程度，很少有学生做到高效得法。将这种自发性的阅读能力迁移到其他学科上，会出现读题慢、信息抓得不准的情况，间接影响其他学科的成绩；过于偏重工具性特质，学生虽然有一定的听说读写能力，但说话和书写的内容空洞，缺乏灵魂。只有将二者完美结合，才能发挥语文课堂的独特魅力。

二是阅读教学设计千人一面，忽略学生主体的深度参与。在现代高中语文阅读教学中，教学设计往往很僵化。在阅读教学中，教师通常将设计重心放在对文本中心思想的概括、行文脉络的梳理、文学常识性内容的拓展与巩固上。这种教学设计中，教师抛出问题串学生来回答，表面上热热闹闹，仿佛课堂效果很好。但是，这种教学设计的实质仍没有摆脱教师中心的藩篱，学生仍处于离身学习的尴尬境地。在这种课堂教学设计中，学生缺乏具身学习的机会，身体没有积极参与到学习过程，主体感受性不强。学生对问题的回答经常是揣测标准答案，像是参与一场猫捉耗子的游戏，而非源自内心的真实感受。

那么，如何解决上述问题呢？

大庆市东风中学的语文教学实践为该问题的有效解决做了大胆尝试。2019年，学校以王少清校长为主持人，以全体高一语文组为课题成员，申报了省级课题"高中语文工具性特质高效阅读实践研究"。该课题实践以来，学校成立了语文教研室，加强了语文教学研究力度，并花大力气变革语文阅读课堂，在心理学与语文阅读教学的融合道路上另辟蹊径，突出重围。

具体做法是，在阅读前借助高效率学习训练中的专注力训练技术，可以迅速让学生进入专注的阅读状态，提高阅读的速度与理解能力；在阅读中利用短暂的放松锚定，可以让学生在冥想中再现阅读内容，为学生的想象力插上翅膀，助力对阅读内容的理解；阅读后运用白板复现技术，温习行文脉络，复现教师小结的阅读方法，可以有效助力学生掌握普适性语文阅读方法。

二、理论基础

1.具身学习理论

所谓具身学习，是以具身认知理论为基础的学生身心深度参与，与环境、教师产生良好的交互作用的学习。

近年来，基于具身认知理论的具身学习逐步走进课堂。具身学习理论认为，身体在学习中的作用仅次于大脑，它是整个学习过程的一个重要因素，它通过身体体验和环境的互动促进了学习。具体来说就是，具身学习理念将学生置于学习过程的中心，让学生的身体有机会与所学内容相互联系，并且尽可能在教室大环境里给他们提供一个实践机会。在

《知觉现象学》书中，梅洛·庞蒂提到，具身学习不是一遍又一遍重复的动作，相反，它还会涉及到一些额外的东西诸如文化差异、个体差异等，因此，具身学习通常会涉及到身体对诸如精神、情感、文化、理性的这类更深一层东西反应的交互过程。

也就是说，相对于传统的教师在课堂上传授学生教学内容，让学生安分守己，坐在固定的座位上认真听讲，具身学习的课堂更多地强调是学生、教师和环境的交互作用。如何发挥学生身体在学习过程中的作用，如何改进教师的教学方法，以及现阶段如何利用教学设备辅助教学，都将影响学生在课堂上对所学内容的体会、理解和掌握。

2.高效率学习训练技术

高效率学习训练技术是由中国高效率研究院研发的一项心理训练技术。该技术以中医五脏藏神理论、经络催眠理论为基础，从心理能量的角度，运用放松技术，让学生解锁身体的密码，在身心放松的愉悦体验中，与环境、教师的引导有机融合，达到身心合一的高效率的学习状态。该项训练技术包括五大训练模块，分别是心理能量气场技术（情绪调节技术）、心理能量聚焦技术（专注力训练技术）、心理能量投射技术（学习目标设定技术）、心理能量感应场技术（家庭能量场调节技术）、心理能量裂变技术（考试焦虑辅导技术）。

本文专指心理能量聚焦技术，即专注力训练技术在高中语文工具性阅读中的应用。

三、课堂实践

2019年9月，大庆市东风中学以高一学年为单位，开始在各班语文阅读教学中应用专注力训练技术。试用一个月之后，因教师心理训练技术差异大，遂将实践的范围缩减为四个班，分别由两位老师任教。这两位老师均参加过高效率学习培训班，掌握了初步的专注力训练方法和放松训练技能。在实施中，她们任教的四个班语文成绩在一个月内飞升为全年级前四名。2020年，在新冠肺炎疫情期间，学校教师发展中心牵头，由上述两位任课教师配合，对学校新型语文阅读改革方法进行了系

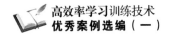
统的梳理。

（一）基本观点。通过半年多的努力，我们认为，专注力训练技术注重学生身体参与在语文阅读学习中的作用，可以通过放松训练，有效调整学生课堂学习状态，提升学生想象力和记忆力，加深学生对阅读方法性知识的建构和常识性知识的积累。

（二）课堂流程

注意力训练技术与高中语文工具性阅读教学融合流程

阶段	注意力训练与阅读教学融合方法
课前	融合目的：利用注意力训练技术，迅速让学生进入专注状态，引起学习动机。 融合方法： 方法一：三分钟静心训练法。第一分钟，让学生闭上眼睛，做腹式呼吸三次，尽量放松全身肌肉；第二分钟，让学生在头脑中想象一个月亮的形象；第三分钟，让学生暗示自己接下来的阅读课会心情愉悦，高效完成阅读任务，记住相关阅读知识。 方法二：渐进式放松，时间控制在三分钟以内。指导语可以与本次课课堂学习任务相关，为学生进入正课学习做好铺垫。 方法三：穴位导入放松状态，让学生按揉风池穴、头围穴三次以内，配合腹式呼吸，迅速进入专注状态。
课中	融合目的：利用专注力训练技术，引导学生在放松状态下张开想象的翅膀，体会文本内容情境，辅助阅读材料的理解。 融合方法： 教学设计环节1：教师利用课件营造文本阅读氛围，抛出驱动性问题串，为学生提供阅读线索。 学生迅速浏览文本，在多媒体课件辅助下，再次闭上眼睛，想象自己走入文本情境中，体会自己当下的感受。再带着问题串，再次研读，解决阅读问题。 教学设计环节2：教师揭示阅读答案，总结工具性阅读技巧；学生参与讨论，在师生、生生思想碰撞中，理顺答题思路，领会阅读技巧。 教学设计环节3：教师带领学生梳理行文脉络，挖掘文本人文因素，升华文本内容。学生用自己的语言或以图文并茂的形式总结文本的行文脉络和思想内涵。
课尾	融合目的：巩固文本阅读技能，巩固文本常识性知识。 融合方法： 教师设定重点提示锚定方式（如每次小结时，站在固定位置，敲黑板提示学生将进行课堂小结），带领学生小结本次阅读课的阅读任务、阅读方法、文本材料行文脉络。 学生利用白板复现法，复现本节课重点内容，在纸上以图文并茂的形式复述学习内容。

（三）三个关键要素

在语文工具性阅读教学中应用专注力训练技术，要注意三个关键要素。

1.找准融合点

课前的导入、课中的冥想训练、课后的白板复现，是一节高效的阅读课的三个重要融合点。找准专注力训练技术与语文阅读教学的融合点，是保证语文阅读课堂教学高效的关键性因素之一。如果找不准融合点，专注力训练技术则沦为鸡肋，成为阅读课画蛇添足的败笔。

2.体现工具性

语文具有"工具性"和"人文性"的双重特质，前者是基础，一般指语文学习具有使人们正常交流思想的实用功能并在其中充当媒介的具体作用。"工具性"阅读是基于语文"工具性"的特点，为完成"工具性"的任务而进行的具体的阅读方式。从语文"工具性"的角度出发，用科学的方法引导学生学会阅读各种文体的文本：读懂字词句段篇，把握结构、掌握技巧等，获得这些外在显性知识的同时，能够融合文字表里、沟通文本内外，以期获得以下成果：积累语文必备知识，获得语文关键能力，培养语文学科素养，最终养成语文核心素养和社会主义核心价值观。其具体阅读过程分为三个阶段：阅读前的准备阶段、阅读中的具体方法落实阶段、阅读后的巩固阶段。其中第二阶段包括七个具体的阅读方法：预读、筛读、理读、研读、评读、感读、悟读。故简称为"三阶七步"法。

3.去除刻板化

在语文阅读教学中，何时运用专注力训练技术、运用到什么程度，不是一成不变的，要视场合和学生状态随机应变。如果学生经过数十天的训练，能够迅速进入到身心放松的愉悦状态，那么在课前的导入环节就可以简化指导语，压缩动机引起时间；其次，如果阅读文本为应用文，文本内容简单，则不需要让学生进入放松状态进行冥想。总之，有些环节要灵活掌握，避免刻板操作。

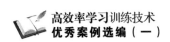

（四）案例诠释

本文援引的教学设计，由大庆市东风中学李艳侠老师设计。该项设计获得大庆市首届心理健康与学科融合竞赛二等奖。在《别了，"不列颠尼亚"》一课的阅读教学中，教师在凸显工具性阅读的同时，巧妙利用心理学微技术——专注力训练技术，有效调整学生学习状态，课堂高效，亮点突出。

《别了，"不列颠尼亚"》教学设计

教学目标	1.知识目标:了解新闻一般的结构方式。 2.能力目标:培养阅读新闻的基本能力,筛选关键词并整合、概括关键词。 3.情感态度价值观:感受中华民族洗雪国耻的自豪感,培养爱国主义情感。
教学方法	1.运用工具性特质的阅读方法,筛选各段的关键词。 2.运用专注力训练技术课前调整学习状态,引起学习动机,课中冥想文本情境,提升想象张力,助力文本理解;课尾,白板复现,巩固课文内容。
教学重点	1.筛选各段的关键词并白板复现。 2.品味文中含义丰富的语句的含义。
课时安排	1课时
教学过程	一、导入新课 首先,三分钟静心训练,让学生进入到高度专注学习状态。 第二,教师抛出问题,引起学习动机: 最近,"香港暴乱"成为国人关注的热点问题,这不由得让人们想起了香港的历史:第一次鸦片战争,清政府战败,1841年,香港沦为英国的殖民地。香港屈辱的历史给中国人民造成了沉重的心灵创伤,因此,1997年7月1日,香港回归成为中华民族的一大盛事,也是世界历史上的一件大事。 当时,在有关香港回归的大量报道中,本文是唯一一篇完整地记录了英方撤离的稿件,曾获第八届中国新闻奖一等奖。现在,让我们一起走进文本,感受那激动人心的历史时刻吧! 二、回顾文体知识: 本文是新闻,我们一起来回顾新闻的文体知识。 新闻正文一般分为哪几个部分? 哪几个部分是缺一不可的? 三、请同学们齐读课文,划分出本文新闻结构。 读完课文,划分出本文新闻结构,就要概括各部分的内容,要概括各部分的内容就要读懂新闻,读懂的最好方法是筛选出语段的关键词,这也是高考的题型之

《别了，"不列颠尼亚"》教学设计 续表

教学过程	一。接下来同学们可以按照本文新闻结构的顺序边浏览边试着筛选出各段的关键词。（链接高考：压缩语段）。 请同学展示筛选结果： 1.导语（1）：米字旗降落，王子、港督离港。 2.主体（2-10）：集中描写四个场景，介绍有关背景资料。 30日下午，告别仪式。 4时30分，港督府降旗仪式。 4时40分，彭定康离港。 介绍港督府。 6时15分英国管制结束的告别仪式。 王子宣读女王赠言。 7时45分，港岛二次降旗仪式。 子夜，中英香港交接仪式，米字旗降落，五星红旗升起。 0时40分，王子、港督乘"不列颠尼亚"号消失在南海的夜幕中。 3.结语（11）：补充材料。 殖民时间：156年5个月零4天。 四、白板复现：请学生现场白板复现筛选出的主要内容。（心理学与语文学科融合，巩固新知） 五、概括中心。 六、课内探究： 1.标题的含义 2.大英帝国从海上来，又从海上去。 七、总结： 本节课我们回顾新闻的一般结构方式；运用了工具性阅读——筛选关键词的方法培养了阅读新闻的基本能力；尝试运用心理学微技术——白板复现法巩固课文内容；品味了文中含义丰富的语句的含义，圆满完成了学习任务。 八、课外练笔：（微写作）
板书设计	别了，"不列颠尼亚" 一、导语：米字旗降落，王子、港督离港。 二、主体：四个场景。 4时30分，港督府降旗仪式。 6时15分，英国管制结束的告别仪式。 子夜，中英香港交接仪式。 0时40分，王子、港督离港。 三、结语：补充殖民时间。

第四模块

家庭正能量调节技术

4-1案例：

一个初四学生补充家庭正能量的辅导案例

【摘要】高效率学习的训练技术在本案中的实际应用，起到了关键的作用，案例辅导效果很好。个案王某从小父母离异，家庭支持系统不足，初中开始住在姑姑家中，缺少父母关爱。本次辅导，通过使用高效率学习训练技术中的"心理能量感应场技术"等几项技术，运用家族赋能营造正能量，来补充个案的心理能量不足的问题，达到了预期的辅导目标。

【关键词】高效学习训练技术 家庭正能量调节 催眠放松训练

一、**个案基本信息**

王某，女，汉族，15岁，同事的亲属，肇源县人，初中四年级学生，独生子女，无重大躯体疾病，无重大疾病史，无家族精神病史。王某在小学时，父母离婚，就和奶奶住在一起，父亲、母亲都去了外地做生意，没有时间陪伴她。进入初中以后，王某进入了姑姑所任职的初中，并住在姑姑家里。王某的日常生活和学习，都由姑姑照料。今年初四，面临中考，三次模拟考试的成绩始终在580分左右徘徊。在中考考试前一个月，父亲过来陪伴女儿，希望给到女儿更多的关爱和陪伴。近日，王某因为考试压力大，食欲不振，精力不足，情绪低落，郁郁寡欢，自我评价很低，在家里和学校老说一些不利于考试的话，情绪波动大，和家人不能沟通，学习效率受到一定的影响，在姑姑带领下，前来寻求帮助。

二、**个人陈述**

一个月以来，心情非常不好，这些天总是担心自己考不好，很是焦虑，什么都不想干，非常消沉。模考成绩始终在580分左右。做题时有时心烦，要过一会才能进入学习状态。自己也想提高学习成绩，但是力不从心。想念妈妈也看不见，很是烦恼，因为马上考试，害怕即将来临

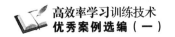

的中考，天天上课没精神，做题没速度，吃不好，睡不好，心里难受，紧张焦虑，让人窒息和崩溃，觉得很没意思，不想跟任何人说话。

三、观察和搜集他人的资料

（一）心理咨询老师了解和观察情况：

王某外观清秀，聪明伶俐，娇小可爱，有礼貌有修养，形象干净整洁，自我认知完整，语言表达清晰流畅，情绪也能自由表达。

（二）王某姑姑反映：

最近这些日子不知为什么，侄女情绪波动大，有时沉默无语，有时发无名火，还老说一些不利于考试的怪话，看上去很烦躁，很焦虑的样子，谁也走不进她心里。

（三）老师反馈：该生比较懂事，有努力学习的意愿，成绩在班级一直中上等，最近烦躁了，做题不认真，成绩停滞不前了。

四、评估与诊断

（一）初步诊断为情绪困扰的一般心理问题。

（二）诊断依据

1.王某的不良情绪由中考升学面临配额30分的问题引起，父母离异缺少陪伴，为此王某的父亲提前一个月回来陪她，并和姑姑想办法帮助她减压，王某的几次模拟考试成绩都是580分左右，导致王某产生焦虑情绪，缺乏考试信心。

2.时间短：不良情绪持续20天左右。

3.不良的情绪反应仍然是理性的控制下，能基本维持正常的学习和生活。

（三）鉴别诊断

1.王某知情意统一，主客观一致，人格稳定，自我认知清楚，无幻觉和妄想症状，可以排除精神疾病。

2.王某的情绪反应由现实情境引发，没有泛化，情绪持续时间短，社会功能受到一些影响，表现出焦虑、压抑情绪，可以排除神经症性心理问题和严重心理问题。

（四）来访者问题的原因分析

1.生物因素：王某正处青春期，个性敏感，情绪易波动。

2.社会因素：父母离异，寄住姑姑家，长期缺少父母的陪伴，缺少母亲的理解和关爱。

3.心理因素：

（1）个性因素：情绪的自我调节能力尚未完善，心理能量不足。

（2）认知原因：认为配额问题会让自己落后于和自己同样水平的人，很不公平。认为给自己提前补课没有用，自己学就行。

五、辅导目标的制订

根据以上的评估与诊断，与来访者协商，确定以下辅导目标：

1.对于王某来说，家庭的支持力量相当的重要，所以，本案例的解决，关键是家庭成员的理解和支持，更重要的是怎么样让王某感受到被关爱和爱的滋养。

2.帮助来访者王某塑造高效率的学习状态，才能让她充满自信和力量。

（1）及时处理来访者王某的负面情绪，让她快速平稳情绪，调整学习心态，才能让她敢于面对中考考试。

（2）提高来访者王某学习的专注力，使她学习时感到注意力集中、精力充沛、成绩上升，才能让王某充满自信。

六、辅导方法及原理

（一）应用的技术方法和原理

高效率学习训练技术是由中国高效率研究院研发的一项心理训练技术，该技术以心理学、教育心理学、心理辅导等为背景，以中国传统文化与传统中医理论为基础，把学生在学习中的情绪、目标、专注力、家庭正能量赋予、考试焦虑等的几个重要因素进行实践化的操作与训练，让学生在轻松愉悦中达到高效率的学习，让学生真正从学习的繁忙中解脱出来。

（二）安排辅导时间：大约每周两次，每次50分钟左右，共六次。

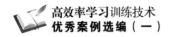

七、**辅导过程**

1.辅导大致分为以下几个阶段：

（1）建立诊断评估与咨询之间关系的阶段。

（2）实施心理援助阶段。

（3）结束和巩固阶段。

2.具体咨询过程：

（1）第一次咨询：2018年6月2日中午12：00

目的：了解王某的基本情况，建立良好的咨询关系，确定重大问题，制订咨询目标。

方法：摄入性会谈

过程：

①填写咨询登记表，并在咨询中介绍有关事项和规则。

②通过摄入性谈话收集王某的信息，探讨她问题的原因及其改变的意愿。

③向王某阐释符合她心理帮助的重要心理辅导的方法。

④共同制订辅导目标。

⑤征得王某的同意，和王某的姑姑取得联系，沟通信息，以帮助她建立良好的社会支持系统，很好的建立家庭正能量场，以给王某积极的爱的支持和滋养。

（2）第二次辅导：2018年6月6日上午10：20

目的：应用绘制家族图谱和人际关系库的技术打开来访者的心扉，帮助来访者理清自己问题产生的脉络和前后关系，启动她发现自己、认识自己和探索自我的运行机制。

方法：会谈法

辅导过程：

①绘制家族图谱和人际关系库，修通父母关系，补充家族能量，让爱流动起来。

②改变不合理认知：

如何看待"升学配额的问题",以及如何看待自己的"模考成绩"。

③布置家庭作业：想出让自己特别高兴的事情或场景，并记录下来，可以写出来或用图画画出来。

（3）第三次辅导：2018年6月9日下午2：40

目的：加深辅导关系；就如何看待考试成绩及王某其他的一些困惑等观念继续交谈；处理焦虑情绪。

方法：会谈、负面情绪处理技术。

辅导过程：

①引导王某反思两次辅导后自己的观念想法和情绪是否有变化。

②在高效率的学习和培训技术的使用的负面情绪处理技术来应对焦虑和压抑。

a.在测试中，发现王某是视觉型人。所以采用了水晶球导入法，导入到渐进式放松状态。

b.负面情绪事件呈现，来访者打分。

c.运用"四神聪"穴位法处理负面情绪。

d.积极情绪事件呈现，情绪置换。

e.水晶球固化，利用语言引导，调动王某愉快的情绪。

f.进行催眠后暗示并唤醒：醒来之后，头脑清醒，眼睛明亮，心情愉悦，精力充沛。

g.布置作业：

一是听一些轻松愉快的音乐，适当的体育锻炼及其他自己认为能够让自己开心的活动。

二是自己做渐进式放松练习，每天至少一次，练习之后想象让自己开心的场景。

三是经过和家长沟通，建议家长多给孩子以积极的心理暗示，积极营造温馨愉悦的家庭氛围，不谈论影响考试的事情，特别是影响考生心情的事情。

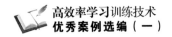
（4）第四次辅导：2018年6月11日上午9：20

目的：对反馈的信息及时了解和掌握；爱的能量传递的训练

方法：会谈、高效率学习训练技术

过程：

①反馈：

姑姑反馈，王某非常开心，经常瞅着奶奶笑，这是以前从未有过的事情。近些天，父亲也一直带着她吃烧烤、游玩。王某得到了家庭系统的支持，得到了来自家庭的爱的滋养。

②介绍高效率学习训练技术提升专注力的方法和过程，通过专注力训练会获得什么样的效果和作用。

运用高效率训练技术对王某进行专注力的训练，过程如下：

a.使用渐进式放松方法，将王某渐渐的导入到催眠放松状态。

b.检测：利用提手臂的方法检测放松状态。

c.利用数字下楼梯技术加深王某的催眠状态。

d.在催眠状态下想象自己在爱的包围中，自己得到了大家的爱，妈妈、爸爸、姑姑、老师和同学……他们都对自己竖起了大拇指，在点头向你微笑……

e.固化：利用语言引导，头脑想象固化，加深效果。

f. 进行催眠后暗示并唤醒：醒来以后，头脑清醒，眼睛明亮，心情愉悦，精力充沛。

布置家庭作业：继续做渐进式放松训练，运用舒尔特方格进行专注力训练。

（5）第五次辅导：2019年6月16日中午1：50

目的：

（1）了解反馈信息；对作业完成情况进行了解、指导。

（2）考试焦虑训练。

方法：会谈，高效率学习训练技术

过程：

①反馈辅导作业：了解反馈信息，对作业完成情况进行了解和辅导。

②运用高效率学习训练技术处理考试焦虑问题，过程如下：

a.使用渐进式放松方法，将王某导入催眠放松状态。

b.检测：利用提手臂的方法检测其放松程度。

c.利用点按中府穴等穴位及数字下楼梯技术加深王某的催眠状态。

d.模拟进入考场考试的完整过程。

e.运用家庭正能量场景及学校正能量场景引导，调动王某轻松、愉悦的心理状态，对考试紧张脱敏。

f.固化：利用语言引导并用积极想象，加深效果。

g.唤醒，进行催眠后暗示：头脑清醒、心情愉悦、眼睛明亮、精力充沛。

③布置家庭作业：

继续做渐进式放松训练，积极想象考场考试的场景及每一个细节。经过几次训练后，不仅王某的紧张焦虑、压抑的情绪明显好转，并且学习更加积极主动、专注，心情开朗愉悦，精神振奋，经常流露出久违的微笑。

（6）第六次辅导：2019年6月18日上午8：30

目的：

（1）巩固辅导的有效性。

（2）结束辅导。

方法：会谈

过程：

①反馈辅导：与王某面谈辅导过程进展的收获、效果反馈和自我训练的感受，并为不合适的地方做矫正辅导。

②会谈：将王某在以后的学习、考试过程中可能出现的不适应情况进行再次梳理，和王某一同探讨该如何处理，增强其自我解决问题的能

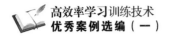

力。

③帮助王某总结个人今后努力的方向，高效率学习状态的自我探索、情绪调节能力的掌控和提升等。

八、辅导效果评估

1.来访者自评：

通过辅导，我的心情好了很多，理解了父母，他们都很爱我，让我对学习更有信心了，姑姑和奶奶等家人也给了我很大的支持，让我有能量更爱他们了。

2.心理辅导老师观察：

通过会谈和跟踪了解到王某的认知有明显改变，更加积极向上了，理解了辩证看待问题、积极看待问题的方法。王某紧张、焦虑、压抑的情绪已经有效缓解，对学习更有信心，并且拥有了高效率学习的状态，她的自我意识更加清晰、自信心不断提高。

3.姑姑反馈：

我侄女的情绪状态好了很多，每天很开心，经常瞅着奶奶笑。并且中考取得了喜人的成绩，打了636分，比平时模考成绩多了56分。去了我们当地较好的重点高中最好的班级，我也开心极了。

九、辅导感悟

本案例的辅导效果非常明显。王某的中考成绩打了636分，超出模考成绩56分，突破了她的580分的瓶颈成绩。在本案例中，我运用了高效率学习训练中的四项技术，解决了王某父母不在身边、家庭正能量不足、情绪不佳不敢考试等问题，让来访者王某感受到父母和家族爱的能量，让爱成为疗愈一切的力量。同时让她在爱的滋养下，通过情绪处理技术和专注力训练技术，使王某在较短的时间里达到情绪稳定，心态平和，从容应对中考考试的好结果，总结本案的辅导，我有以下几点心得：

一是在高效率学习技术应用过程中，充分地相信是取得较好效果的必要条件。相信才能成功地进入到最佳的放松训练状态，相信才能没有阻抗，引导语才会更有效地发挥作用。本案例辅导过程中，高效率学习训练技术，更适用于像王某这样，既相信老师，也相信训练技术并主动寻找帮助的学生。

　　二是在高效率学习技术应用过程中，一定要筛查一下家庭或学校中是否有不支持来访者的因素会影响训练效果。在整个训练过程中，社会支持系统的参与，爱的力量的滋养比任何训练都更重要。比如本案中王某的配额升学问题，爸爸和姑姑在中考前谈论上高中之前的补习问题。这都使王某无力抗争，愤怒而又无可奈何，在这种情况下，王某只有选择压抑。表现就是不开心，不想说话，无声的对抗，压抑情绪很多。所以，训练师探查到这些情况以后，就要进行家庭正能量场的修通和营造，取得家庭成员及相关人员赋予能量来配合，给予王某爱的滋养才能取得更好的效果。

　　三是在高效率学习技术应用过程中，从技术层面来讲，训练师的关键点是要跟着来访者的节奏走。比如说，来访者的催眠放松状况，到了一个什么样的放松程度，一是检查肢体的放松情况，二是观察眼动，三是观察呼吸，但是训练师切不可把引导放松时的引导语和来访者造成脱节，不顾来访者的感受和状态，而影响放松效果。必要时，可以通过穴位点压和情景加深等多种方法，让来访者进入更深的放松状态，利于后续的跟进疗愈。

　　四是在高效率学习技术应用过程中，要注意及时反馈信息，做到随时调整辅导方案。有时候案例的成功，是以来访者的感受为目标。

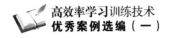

4-2案例：

高效率学习训练技术助力初中学生成功中考的案例报告

【摘要】心理辅导老师通过运用高效率学习训练技术，针对一例亲子关系出现问题并影响学习成绩的学生，进行个案心理辅导的案例。通过心理辅导，该学生和母亲的关系变得和谐，学习效率有所提高，较好达到了心理辅导的预期目标，学生中考成绩考取了627.5分，顺利考入当地重点高中。

【关键词】高效率学习训练技术　亲子关系　提升成绩

一、个案基本信息

来访者涛，男，汉族，16岁。某初中四年级学生，独生子，身高体态正常，无重大躯体疾病，无家族精神疾病史。涛的家庭是一个普通家庭，父母以打工为生，经济状况一般，但是为了孩子的学习，还是尽可能地满足孩子的需求。父母由于自己的生存状况，特别希望孩子能够考出来优异的成绩，这种高期待造成了亲子关系的不和谐，特别是母子关系在临近中考前一个多月的时间里达到了僵持的状态，从而影响到孩子的学习状态和学习成绩。孩子回家后就径直进入自己的房间，关门不理睬父母。交流状态是你说东他偏西的逆反程度。来咨询时，情绪焦虑，不爱学习，上课不专注，开小差，语言表达清晰流畅，情感表达自如一致。身体状态无重大疾病史，自觉精力不足，不如以前学习状态好。社会功能有影响，学习效率和学习成绩受到一些影响。

二、个案陈述

大约两周以来，心情非常不好，和母亲关系越来越不好，厌烦母亲的唠叨。上课爱说话，注意力不集中。做作业的时候心烦，感觉自己考不上重点高中了，再加上妈妈的唠叨就更不想学习了。情绪烦躁，自己也想提高学习成绩。父母打工也很不容易，希望自己能学习好。但无法掌控。

三、**观察和搜集他人的反映**

（一）心理辅导老师了解和观察到的情况：

涛中等个头，穿着校服，比较整洁干净。在聊天中伴有焦虑情绪，特别是说到妈妈的时候情绪就更加激烈，自己不知道该何去何从。

（二）班主任反映：

该生比较懂事，性格有些内向，学习状态一般，成绩在班级中上等。最近一段时间上课总是溜号，注意力不集中，作业完成得不好，有些要放弃的感觉。

四、**评估与诊断**

（一）初步诊断为亲子关系问题而导致孩子压力大，出现了考前焦虑，属于一般心理问题。

（二）诊断依据：通过了解观察与心理测量量表得知：

1.由现实事件引起：因为父母的过高期待及严格管理而造成的考前焦虑。

2.时程短：不良情绪持续两周左右。

3.不良情绪反应仍在理智控制之下，始终保持行为不失常态，基本维持正常学习和生活，没有社会功能受损。

（三）鉴别诊断

1.该学生知情意统一，主客观一致，个性稳定。没有幻觉、妄想等精神病性症状，可以排除精神病性障碍。

2.该学生的情绪反应由现实情境引发，没有泛化。情绪持续时间短，社会功能基本没受影响，可以排除神经症性心理问题和严重心理问题。

（四）来访者问题的原因分析

1.生物因素：该来访者没有明显的生物原因。

2.社会因素：生活事件：父母的期待过高，教育方法不得当，亲子沟通不畅。

3.心理因素：

（1）个性因素：个性偏向内向，不太擅长处理人际关系，情绪的

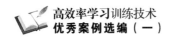
自我调节能力尚未完善。

（2）认知原因：认为父母不理解自己，没有看到自己在自我管理方面出现的问题。

五、**辅导目标的制订**

根据以上的评估与诊断，与来访者协商，确定以下辅导目标：

（一）具体目标与近期目标

1.缓解来访者的焦虑情绪，使其以积极的状态投入学习和生活。

2.调整他和母亲的关系，亲子关系变得更加和谐。

3.帮助来访者塑造高效率的学习状态：

（1）提高来访者学习的专注力，使来访者学习时感到注意力集中。

（2）塑造来访者写作业的高效状态，使来访者感到学习时充满信心，注意力集中，心情轻松，学习成绩有所提升。

（二）最终目标和长期目标

帮助来访者完善自我，健全人格，能够辩证看待问题，增强自信、人际交往能力和社会适应能力。

六、**辅导方法及原理**

（一）应用的技术方法和原理

高效率学习训练技术是由中国高效率学习研究院研发的一项心理训练技术，该技术以心理学、教育心理学、心理动力学等理论为辅导背景，把学生在学习中的情绪、目标、专注力、家庭正能量和考试焦虑等的几个重要因素，进行实践化的操作与训练，让学生在轻松愉悦中达到高效率的学习状态，真正让学生从学习的繁忙与烦恼中解脱出来。

（二）辅导安排

辅导时间：每周2次，每次40分钟，共6次。

七、**辅导过程**

（一）辅导大致分为以下阶段：

1.诊断评估与辅导关系建立阶段。

2.实施心理帮助阶段。

3.结束与巩固阶段。

（二）具体辅导过程：

1.第一次辅导：2019年5月2日上午9：00

目的：了解涛的基本情况，建立良好的辅导关系，确定主要问题，制订辅导目标。

方法：摄入性谈话

辅导过程：

（1）填写辅导登记表，介绍辅导中的有关事项与规则。

（2）通过摄入性谈话收集涛的资料，探寻其学习问题的原因及改变意愿。

（3）向涛解释其产生问题的原因，介绍心理辅导的方法。主要介绍人的意识和潜意识的关系，说明高效率学习训练技术是利用经络催眠技术对其潜意识进行工作，在潜意识工作的状态下宣泄情绪、输入正面积极的信念等，不仅能够塑造轻松、愉悦的情绪状态，还能提升学习专注力、快速提高学习效率，达到提高学习成绩的目的。

（4）共同制订辅导目标。

2.第二次辅导：2019年5月5日上午9：00

目的：详细分析涛产生学习问题的原因及该情绪对学习、人际关系等方面的影响；解决和母亲的关系，共同制订辅导方案。

方法：渐进式放松训练

辅导过程：

（1）共同制订辅导方案。

（2）给来访者做渐进式放松训练。

（3）布置家庭作业：让妈妈带着孩子用《学吧》（高效率学习训练专业指导语播放器）在家里做渐进式放松训练。

3.第三次辅导：2019年5月9日上午9：00

目的：加深辅导关系；对人际交往、学习方法等一些观念继续交

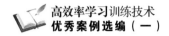

谈；处理焦虑情绪。

方法：会谈和负面情绪处理技术

辅导过程：

（1）引导来访者反思两次辅导后自己情绪是否有变化，学习状态是否有转变。

（2）利用高效率学习训练技术中的负性情绪处理技术对来访者的焦虑情绪进行处理。

A、导入渐进式放松状态。

B、负面情绪事件呈现，并打分。

C、运用穴位法处理负面情绪。

D、积极情绪事件呈现，情绪置换。

E、固化，利用语言引导，调动来访者的愉快情绪。

F、唤醒，并进行催眠后积极暗示：眼睛明亮、头脑清醒、心情愉悦、精神振奋。

布置作业：

自己学会做渐进式放松练习，每天至少一次，练习之后想象那些让自己开心的事情。

4.第四次辅导：2019年5月12日上午9：00

目的：

（1）了解反馈信息。

（2）专注力的训练。

方法：会谈与高效率学习训练技术

过程：

（1）反馈：每天午间和晚上睡觉前躺在床上做放松练习，觉得很舒服。和妈妈的关系好多了，觉得心情也好了很多。

（2）介绍高效率学习训练技术提升专注力的方法和过程，通过高效率学习训练技术的成功案例说明其效果和作用。

（3）运用高效率训练技术对来访者进行专注力的训练，过程如下：

①使用渐进式放松方法，将来访者导入催眠放松状态。

②检测：利用提放手臂的方法检测放松状态。

③利用"数字下楼梯"技术加深来访者的放松状态。

④注意力专注的积极暗示。

如果在暗示期间发现来访者受到其他声音的干扰，则暗示他"周围的声音你听够能见，但不影响你的放松状态，你会把所有注意力都集中在书本和我引导的声音上来。"

⑤固化：利用语言引导，加深效果。

⑥唤醒，并进行催眠后积极暗示：眼睛明亮、头脑清醒、心情愉悦、精神振奋。

（4）布置家庭作业：继续和妈妈一起做渐进式放松训练，每天增加15分钟户外运动。

5.第五次辅导：2019年5月16日上午9：00

目的：

（1）了解反馈信息；对家庭作业进行情况进行了解和指导。

（2）塑造学习时的高效率状态。

方法：会谈和高效率学习训练技术。

过程：

（1）反馈辅导作业：了解反馈信息，对作业进行情况进行了解和辅导。

（2）运用高效率学习训练技术塑造学习时的高效率状态，过程如下：

①使用渐进式放松方法，将来访者导入催眠放松状态。

②检测：利用提放手臂的方法检测其放松程度。

③利用数字下楼梯技术加深来访者的放松状态。

④模拟在晚上来访者做作业的完整过程。

⑤利用语言引导，调动来访者的轻松愉悦状态。

⑥固化：利用语言引导，加深效果固化。

⑦唤醒，并进行催眠后积极暗示：眼睛明亮、头脑清醒、心情愉悦、精神振奋。

（3）布置家庭作业：让来访者继续和妈妈做渐进式放松训练，积极想象自己考入重点高中的景象。

高效率训练技术的过程，主要是实施渐进式放松训练，经过几次训练后，来访者涛的焦虑情绪不仅明显好转，而且学习更加积极、主动和专注。

6.第六次辅导：2019年5月20日上午9：00

目的：

（1）巩固辅导效果。

（2）结束辅导。

方法：会谈

过程：

（1）反馈辅导作业：反馈自我训练的进行情况、效果和感受，对于不适当的地方进行辅导。

（2）会谈：将来访者在以后的学习、考试过程中可能出现的不适应情况进行列举，共同探讨该如何处理，增强其自我解决问题的能力。

（3）指出今后努力的方向：通过训练，提高来访者的自我探索、人际交往和情绪调节的掌控能力，让来访者的高效率学习状态变成自动运转模式，随时应用到以后的学习和生活之中。

八、辅导效果评估

1.来访者自评："通过辅导，我的学习状态好多了，上课专注力提升了，和母亲的关系和谐了，对自己考上重点高中更有信心了。"

2.心理辅导老师观察：通过会谈和反馈了解到，来访者和母亲的关系更加和谐了，对学习更有信心并且掌握了高效学习状态的自我探索能力，自我意识更加清晰、自信心明显提高。

3.家长报告：来访者情绪状态好了很多，听课比较积极，上课状态明显好转，作业写得也比以前好了，家长每天在班级陪伴学习。

九、 心理辅导感悟

对于初中生而言，不论是情绪问题还是学习问题都可以进行高效率学习训练，因为高效率学习训练技术的程序之中包含着渐进式放松训练，在解决学生学习问题的时候，其情绪问题也得到了一定的处理；即使学生没有明确提出要解决学习方面的问题，建议其进行高效率学习状态的探索和训练，也会收到事半功倍的效果。同时这一项技术还能够帮助家长调整自己的情绪，改善亲子关系，建议家长也要参与高效率学习训练技术的训练中来，对缓解家长的压力和焦虑也有明显效果。

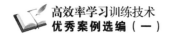

4-3案例：

寻回失去的母爱——记一个离异家庭孩子的变化

【摘要】心理辅导老师主要运用高效率学习训练技术，针对一例小学生情绪低落并影响学习的案例进行了心理辅导。通过心理辅导，该学生的学习状态明显缓解，人际交往能力和学习效率均有所提高，基本达到了心理辅导的预期目标。

【关键词】分离焦虑　注意力　放松训练

一、 个案基本信息

褚某，女，小学四年级，独生女，身高体态正常，无重大躯体疾病，家族无精神疾病史。因最近情绪失控，有时在课堂上也会大声吵架，上课时注意力不集中，总是溜号，听课效率低，作业也对付，状态很不好，家长带来寻求帮助。

二、 个案陈述

我在幼儿阶段和父母一起生活，小学二年级父母离婚，随父亲一起生活，但因为父亲忙于做工作，没有太多时间陪伴我，只能早晚接送，平时都在小饭桌，母亲只有在我参加大型活动的时候，才会过来看望我。我性格内向，反应敏感，易愤怒，害怕别人提到母亲的问题，看到别的同学有爸爸妈妈陪伴，受到无微不至的照顾，非常羡慕。每天回到家，自己一个人孤零零的，觉得自己很可怜。最近两三个月，不愿意和同学交往，总觉得别人是针对自己，笑话自己，而且同学之间的关系也没有那么美好，也有很多矛盾。写作业时有时心烦，注意力总是不能集中，要过一会才能进入学习状态。上课时容易走神，听不进去课，自己的学习成绩不好，老师没有嫌弃我，对自己挺好。

三、 观察和搜集他人的反映

（一）心理辅导老师了解和观察到的情况：

褚某穿着校服，梳着马尾辫子，衣着整洁干净。在交谈时很少和老师对视，说话语速挺快，但比较柔和。

（二）班主任反映：

该生性格比较内向，比较懂事，就是学习成绩一般，成绩在班级一直后几名。平时看她性格和为人都挺好，可有时脾气暴躁，和同学发火，特别是同学提到她母亲或者家庭的时候，表现更为愤怒。有时候还在课堂上大声吵闹，上课时注意力不集中，总是溜号，听课效率低，作业也总是应付了事。

（三）同学反映：情绪敏感，爱发火，易怒。

四、评估与诊断

（一）初步诊断为情绪不佳的一般心理问题。

（二）诊断依据

由现实事件引起：因为父母离异，缺少关怀，尤其是得不到母亲的关爱，不良情绪反应仍在理智控制之下，基本能维持正常学习和生活，社会功能轻微受损。

（三）来访者问题的原因分析

1.社会因素：父母离异导致缺少母亲的陪伴和关怀。缺少知心朋友，没有同伴的理解和支持。

2.心理因素：

（1）个性因素：个性偏向内向，情绪的自我调节能力弱。

（2）认知原因：认为母亲不想要她了，自己很伤心，做什么都没有心思。

五、辅导目标的制订

根据以上的评估与诊断，与来访者协商，确定以下辅导目标：

1.缓解来访者的情绪低落，使其以积极的状态去面对学习和生活。

2.调整认知方式，了解父母离异的原因，改变其对母亲的误解，建立与母亲有效的沟通方式。

3.帮助来访者塑造高效率的学习状态。

4.帮助来访者学会调整自己的心态，学会与他人相处的方式方法，

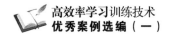

为适应社会群体生活打好基础。

六、**辅导方法及原理**

（一）辅导方法及原理

高效率学习训练技术是由中国高效率研究院研发的一项心理训练技术，该技术以心理学、教育心理学、心理辅导等为背景，以中国传统文化与传统中医理论为基础，运用经络催眠的技术，把学生在学习中的情绪、目标、专注力、家庭正能量、考试焦虑等的几个重要因素进行实践化的操作与训练，让学生在轻松愉悦中达到高效率的学习，让学生真正从学习的繁忙中解脱出来。

高效率学习训练技术是由中国高效率研究院研发的一项心理训练技术，该技术包含了心理学、催眠、中国传统文化及传统中医等知识，通过潜意识的沟通，让来访者知性统一，在心理上和行为上得到改变。

（二）辅导安排

辅导时间：每周1次，每次40分钟，共5次。

辅导地点：心理辅导教室

七、**辅导过程**

（一）辅导大致分为以下阶段：

1.了解情况，建立关系阶段。

2.实施心理辅导阶段。

3.结束与巩固阶段。

（二）具体辅导过程：

1.第一次辅导：2019年5月15日上午10点

目的：了解褚某的基本情况，建立良好的辅导关系，寻找问题产生原因。

方法：摄入性谈话、放松训练

辅导过程：

（1）来访者介绍自己的家庭情况和个人现状。

（2）了解对来访者情绪影响较大的事件。

（3）给来访者做一次放松训练。

（4）和班主任及家长沟通，核实细节。

（5）给来访者留作业，每天坚持五分钟简单的放松。

2.第二次辅导：2019年5月22日上午9点半

目的：处理孩子的分离焦虑

方法：放松训练

辅导过程：

（1）回访上一周来访者的状态及作业练习情况。

（2）通过催眠让来访者放松情绪及身体，回到事情初发的起点，让来访者了解事件的原因。

（3）通过情绪处理技术让孩子缓解和母亲的分离焦虑。

（4）作业：

①回家和母亲通一次电话或者见一面。

②每天坚持做放松训练。

3.第三次辅导：2019年5月29日上午10点

目的：加强注意力训练

方法：高效率学习训练技术

辅导过程：

（1）通过询问来访者了解上周状态。

（2）利用高效率学习注意力训练技术对褚某某进行注意力训练。

引导来访者放松后进行检测，并运用加深技术进行放松加深，放松加深后加入注意力专注的暗示并巩固效果。

（3）进行催眠后暗示并唤醒。

（4）家庭作业：每天做渐进式放松练习，并加入积极想象。

（5）通过和家长及班主任沟通，了解来访者这两周的变化。

4.第四次辅导：2019年6月5日上午10点

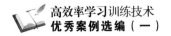
目的：

（1）了解反馈信息；对注意力的状态进行了解、指导。

（2）巩固高效率学习的状态。

方法：高效率学习训练技术

过程：

（1）通过沟通，了解来访者上一周的情况变化。

（2）利用高效率学习注意力训练技术对褚某进行注意力训练。

引导来访者放松后进行检测，并运用加深技术进行放松加深，放松加深后加入注意力专注的暗示并加深效果，运用高效率训练技术对褚某某进行专注力的训练，通过模拟课堂让来访者感受上课时的状态，利用语言引导，调动来访者轻松、愉悦的状态。

（3）巩固效果：利用语言引导，加深效果。

（4）唤醒，并进行催眠后暗示：头脑清醒、眼睛明亮、心情愉悦、精神振奋。

（5）布置家庭作业：继续做渐进式放松训练及之后的积极想象。

5.第五次辅导：2019年6月12日上午10点

目的：

（1）巩固辅导效果。

（2）结束辅导。

过程：

通过一段时间的训练，来访者自己表示：情绪明显好转，并且学习更加积极主动专注，并提出一些自我训练时的问题和困扰，在训练时加以解决。再给她讲解的同时，也对她今后可能会出现的情况进行列举说明，并和来访者一起探讨该如何处理，增强来访者自我解决问题的能力。

八、辅导效果评估

1.来访者自评："通过辅导，现在自己的状态很好，心情好了很多，上课时听课状态也比以前好了，对学习更有信心了；在班主任的鼓励下，正在尝试努力和同学交往"。

2.心理辅导老师观察：通过后期跟踪调查，来访者现在状态表现更为积极主动，上课认真听讲，对学习更有信心并且掌握了高效学习状态的塑造方法；对人际交往不再回避，愿意尝试提高人际交往的能力。

3.教师报告：来访者情绪状态好了很多，听课比较积极，主动回答问题，更愿意与同学交往了。

九、心理辅导感悟

通过此案例让我发现：高效率学习训练技术是一项综合的技术，不论是情绪问题还是学习问题，此项技术都会有相应的解决办法，并且操作简单，效果明显。在训练中让情绪和学习都能得到改善，建议高效率学习技术向更多的教师及家长群体推广。

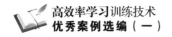

4-4案例：
一例高一学生适应困难辅导案例的报告

【摘要】运用高效率学习训练技术和认知行为疗法，针对一例高一学生适应困难并影响学习的案例进行了心理辅导。通过心理辅导，这名学生与人交往、合作，和高效学习方面都有进步，基本达到了心理辅导的预期目标。

【关键词】高效率学习训练技术　认知行为疗法　人际交往

一、个案基本信息

16岁的薛某是独生子，身高175cm，高一汉族学生，体态端正，没有家族的精神疾病史，也没有得过重大疾病。薛某虽然一直和父母一起生活，但父母都忙于工作，没有给予他更多的陪伴，童年的陪伴就更少，进入高中在校时间长，回家时间短也更少与父母交流。性格内向，从小就比同龄孩子表现的慢、晚，属于晚熟晚慧型的。家长又忙于工作，疏于关注和沟通交流。近来出现情绪低落，郁郁寡欢，食欲不振的状态。自觉精力不足，自我评价低，被孤独抑郁情绪困扰，有回避人际交往倾向，学习效率受到影响，在家人陪同下前来寻求帮助。

二、个案陈述

我近半个月心情不是很好，有一种比较孤独的感觉。没有玩伴，不愿学习，成绩下降明显，由最初班级前五名直降到中下排名，曾和同学发生过一次肢体冲突，被班长嫌弃交作业不及时，被老师批评并叫家长去学校，不知如何跟父母说。什么都不想干，内心忐忑不安，非常消沉。最近也不愿意和同学交往，自觉人际交往能力弱，自己的行为不能很好地被同学理解，觉得同学之间的关系也没有那么美好，也有很多矛盾。学习状态受到了影响，虽然自己也想提高学习成绩，但就是不能集中精力投入学习中，增添了很多的烦恼。

三、观察和搜集他人的反映

（一）心理辅导老师了解和观察到的情况：

薛某留着小平头，身着干净整洁的着装。与人在交谈时不怎么看对方，常常低头不语。一副闷闷不乐的样子，回答问题时话语很少，低沉的声音，较慢的语速，不时地搓着手，看看老师。

（二）班主任反映：

该同学性格有些内向，有些不太合群。刚来时成绩在班级靠前，这一段时间成绩下滑明显。因为一件事情和前排同学发生过肢体冲突，和同学交流比较没有边界感，喜欢先用手去触碰别人后才开始说话交流，被班级女同学嫌弃告状。因为班长说他交作业不及时而和班长发生不愉快，追至女厕所门口拉女班长的手，要拽人出来理论。被同学投诉，已经要求请家长来学校交流解决此事。

四、评估与诊断

（一）初步诊断

薛某是生活变化适应障碍，属于一般心理问题。

（二）诊断依据

1.父母被要求带孩子到专门医院检查，父母陪同孩子去医院检查有诊断，经观察和量表测量，确诊不是阿尔伯格综合征，智商在110。

2.由现实事件引起：因为父母忙于工作疏于管理，缺少关注、沟通交流；尤其升入高中后在校时间长，很多的不适应。家长也对没能考上离家近的高中也有责怨反应。

3.持续近一个月这种不良情绪。

4.性格内向，不适合频繁变换环境，升入高中考试成绩不理想，没有考入理想的高中，离开原有的小伙伴群体。对于考得不好自己父母在内心有责怨，而对孩子未提前做好变动的心理准备，对新环境不适应，产生逆反心理。

5.对新环境、新同学不够适应，边界感不够清楚，社会功能没有受损，不良情绪反应仍在理智控制之下，但能基本维持学习、生活，情绪

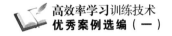

反应尚未泛化。

（三）鉴别诊断

1.薛某整体状态都很好，自知能力良好。

2.薛某的情绪反应系生活中的情景引起，时间短，无泛化，没有受到更大的不良影响，是一般心理问题。

（四）来访者问题的原因分析

1.正处于情绪易于波动的青春期。

2.社会因素：

（1）生活事件：父母忙于工作疏于与孩子的心理沟通，缺少理解和关怀。

（2）身边的支持少：父母疏于陪伴，缺少关注。缺少知心朋友，没有来源于同伴的理解和支持。

3.心理因素：

（1）性格原因：比较内向，不太擅长处理人际关系，情绪的自我调节能力尚未完善。

（2）认知原因：没有看到自己在自我管理和生活自理方面的能力。

五、辅导目标的制订

据之上的状况与薛某确定以下目标：

1.以积极心理学习、生活缓解抑郁情绪。

2.使用ABC理论，调整人际交往等方面的认知。

3.帮助薛某提高学习的专注力，塑造高效率的学习状态。

4.改善父母与薛某的亲子关系。帮助他用辩证的视角看问题，提高自信、人际交往和适应能力。

六、辅导方法及原理

（一）辅导方法及原理

1.高效率学习训练技术

高效率学习训练技术是由中国高效率研究院研发的一项心理训练技

术，该技术以心理学、教育心理学、心理辅导等为背景，把学生在学习中的情绪、目标、专注力、家庭正能量、考试焦虑等的几个重要因素进行实践化的操作与训练，使学生进入愉悦轻松的高效率的学习状态中。

2.认知行为疗法

认知行为治疗从不合理认知入手，改变对人对己对事的看法和态度来改变心理问题。

（二）辅导安排

时间安排：一共六次，一周两次，一次四十分钟。

七、**辅导过程**

（一）辅导大致分为以下阶段：

1.建立良好的关系和评估诊断。

2.实施心理辅导阶段。

3.结束与巩固阶段。

（二）具体辅导过程：

1.第一次辅导：2019年2月20日中午12：00

目的：通过主要问题来确定目标。了解基本情况同时建立良好关系。

方法：摄入性谈话

辅导过程：

（1）通过填表使薛某知晓辅导相关事项。

（2）收集薛某的资料，找寻其形成现状的原因及改变意愿。

（3）向薛某解释其产生问题的原因，介绍心理辅导的方法。简单介绍什么是意识和潜意识及其关系，说明高效率学习训练技术是利用催眠技术对其潜意识进行工作，在潜意识工作的状态下宣泄情绪、输入正面积极的信念等，透过塑造轻松、愉悦的情绪状态，提升学习效率。

（4）共同制订辅导目标。

（5）征求薛某的同意，此次辅导结束和班主任取得联系，帮助建立外部良好的支持系统。

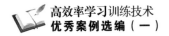

2.第二次辅导：2019年2月27日中午12：00

目的：详细分析原因及影响；共同制订方案；找出不合理认知。

方法：会谈

辅导过程：

（1）共同制订辅导方案。

（2）改变不合理认知：

如何看待"中考失利"换个角度它还教会你什么？让你在哪些方面获得了成长，比别人优秀？

如何看待朋友的选择，友谊的发展阶段特点，人际交往的原则。

（3）布置家庭作业：想出让自己非常高兴的事情或场景，并记录下来，可以用语言写出来或用图画画出来。

3.第三次辅导：2019年3月6日下午3点半

目的：加深辅导关系；就人际交往、学习方法等一些观念继续交谈；处理抑郁情绪。

方法：会谈、负面情绪处理技术

辅导过程：

（1）引导薛某反思两次辅导后自己的观念和情绪是否有变化。

（2）利用高效率学习训练技术中的负性情绪处理技术对抑郁情绪进行处理。

①A.导入渐进式放松状态。

②负面情绪事件呈现，并打分。

③运用穴位法处理负面情绪。

④积极情绪事件呈现即第二次辅导作业中出现的分数最好的积极场景，情绪置换。

⑤固化，利用语言引导，调动薛某愉快的情绪。

⑥唤醒，并进行催眠后暗示：头脑清醒、心情愉悦、精神振奋。

布置作业：

（1）音乐疗愈、微运动开始。

（2）每天至少一次放松练习，之后想象开心的事情。

（3）家长和班主任建立沟通。班主任为了促进薛某和同学正常交往，为其安排了服务同学的工作。建议家长多从优势视角关心鼓励孩子。

4.第四次辅导：2019年3月13日中午12：00

目的：

（1）了解反馈信息。

（2）专注力的训练。

方法：高效率学习训练技术、会谈

过程：

（1）反馈：睡觉前躺在床上做放松练习，觉得很舒服。老师专门找自己谈话，鼓励自己；妈妈跟自己聊了很多，觉得心情好了很多。

（2）介绍高效率学习训练技术提升专注力的方法和过程，通过高效率学习训练技术的成功案例说明其效果和作用。

（3）运用高效率训练技术对薛某进行专注力的训练，过程如下：

①使用渐进式放松方法，将薛某导入催眠放松状态。

②检测：利用提手臂的方法检测放松状态。

③利用数字"下楼梯"技术加深薛某的催眠状态。

④注意力专注的暗示。

⑤固化：利用语言引导，加深效果。

⑥唤醒，并进行催眠后暗示：头脑清醒、心情愉悦、精神振奋。

（4）布置家庭作业：

放松训练及之后的积极想象。

5.第五次辅导：2019年3月20日中午12：00

目的：

（1）了解反馈信息；对作业情况进行了解、指导。

（2）塑造学习时高效的状态。

方法：高效率学习训练技术、会谈

过程：

（1）反馈辅导作业：了解反馈信息，对作业情况进行了解和辅导。

（2）运用高效率学习训练技术塑造学习时的高效状态，过程如下：

①使用渐进式放松方法，将薛某导入催眠放松状态。

②检测：利用提手臂的方法检测其放松程度。

③利用数字下楼梯技术加深薛某的催眠状态。

④模拟自习课上薛某做练习题的完整过程。

⑤利用语言引导，调动薛某轻松、愉悦的状态。

⑥固化：利用语言引导，加深效果。

⑦唤醒并进行催眠后暗示：头脑清醒、心情愉悦、精神振奋。

（3）布置家庭作业：继续做渐进式放松训练及之后的积极想象。

高效率训练技术的开始就是渐进式放松训练，经过几次训练后，不仅薛某的抑郁情绪明显好转，并且学习更加积极主动、专注。

6.第六次辅导：2019年3月27日中午12：00

目的：

（1）巩固辅导效果。

（2）结束辅导。

方法：会谈

过程：

（1）反馈辅导作业：反馈自我训练的进行情况、效果、感受，对于不适当的地方进行辅导。

（2）会谈：将薛某在以后的学习、考试过程中可能出现的不适应情况进行列举，和薛某一同探讨该如何处理，增强其自我解决问题的能力。

（3）指出今后努力的方向：高效率学习状态的自我探索、情绪调节能力的提高、人际交往能力的提高等。

八、**辅导效果评估**

1.来访者自评："通过辅导，我的心情好了很多，对学习更有信心了；在班主任的鼓励下，在班级更开心了，也在努力学会和同学交往；觉得自己还是有很多优点的"。

2.心理辅导老师观察：通过会谈和跟踪了解到来访者的认知更加全面了，理解了辩证看待问题、积极看待问题；抑郁情绪基本消失；对学习更有信心并且掌握了高效学习状态的塑造方法；对同学间的互动不再回避，尝试提高这方面的能力；自我意识更加清晰、自信心有所提高。

3.教师报告：来访者情绪状态好了很多，听课比较积极，主动回答问题；更愿意与同学交往了。

九、**心理辅导感悟**

高效率学习训练技术是处理学生负性情绪非常有效的方法，简单易学，便于操作。高效率学习训练技术的程序之中包含着穴位加深、渐进式放松训练，对于学生而言，不论是情绪问题还是学习问题、人际交往问题都可以进行高效率学习技术的训练。

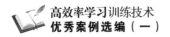

4-5案例：

小学生厌学个案处理的分析报告

【摘要】本案例是一位小学四年级男生厌学的心理辅导过程，由于该生长期缺少父母的陪伴与关爱，隔辈教育与学校教育缺乏有效沟通，导致学生产生厌学心理，通过运用高效率学习训练技术——负面情绪处理方法，帮助来访者排除负性情绪，通过专注力训练帮助学生提高学习效率，基本达到了心理辅导的预期目标。

【关键词】高效率学习训练技术　厌学情绪处理　专注力训练

一、个案基本信息

求助者张某，男，汉族，10岁，小学四年级学生。张某父母常在外务工，由爷爷奶奶代管。三年级下学期开始间断性的不完成作业，间断性请假，理由颇多。四年级开学第一个星期还能正常完成各科作业，但是一周后作业经常少做，甚至不做，后来每周一以各种理由不来上学。他的父亲是个脾气很大的人，性格急躁，父母文化程度都不高，和孩子沟通很少。在他年幼的时候，就经常受到父亲的打骂，但是，当父亲心情好的时候，又会满足儿子一切合理与不合理的要求，这就造成了他胆大不怕事又固执任性的个性。而父母与其又缺少有效的沟通，心理压力很大，这样就导致孩子总是会以极端而强硬的方式解决问题，而平时爷爷奶奶对孩子的学习也无法监督帮助，孩子任性的去玩而总是不完成作业，到学校老师一批评，就不去上学，采取有意回避的态度。

而且张某脾气急躁、易怒，自知力较完整，但自我评价比较消极，对自我认知准确，表达清晰流畅，身体健康，与同学沟通交往无障碍，性格易怒，情绪不稳定，经常失控。

二、个案陈述

我不愿意去上学，我觉得写作业很麻烦，在家里玩挺好的，而且我觉得写不写作业无所谓啊，反正顶多挨老师批评几句呗，在学校学习也学不会，还不如待在在家里，多自由啊，爷爷奶奶顶多打我一顿。

三、他人反映

（一）通过与孩子的交谈中了解到，该生语言条理清晰，对自己的行为也很明白，知道自己的错误，但感觉很难克服。

（二）通过与班主任沟通侧面了解到平时该生在班级与同学关系很好，热爱劳动，只是学习成绩不理想，学习上比较懒惰，作业相当拖拉。

四、评估与诊断

（一）初步诊断为厌学问题

（二）诊断依据

1.通过观察，沟通与了解，该生并无心理问题，只是厌学行为，由于缺少父母陪伴和关心，与祖父母难以进行有效的沟通，导致出现逆反心理，出现厌学问题。

2.父母长期不在家，缺少父母的陪伴，导致性格有些偏激。

3.该生自我认知完整，沟通无障碍。

五、辅导目标的制订

根据以上的评估与诊断，与来访者协商，制订如下辅导目标：

1.排除来访者负面情绪，使其正确对待自己的学习和生活。

2.帮助来访者重塑正确的人生观，世界观，让其回归正常的理性的生活中来。

3.利用高效率学习中的专注力训练帮助孩子提到学习效率，使其对学习重拾信心，解决厌学问题，回归学校。

六、辅导方法与时间安排

1.高效率学习训练技术——负面情绪处理。

2.高效率学习训练技术——专注力训练。

3.每周两次，一次50分钟，共四次。

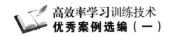

七、 辅导过程

（一）辅导大致可以分为以下几个阶段：

1.诊断评估与辅导关系建立阶段。

2.实施心理辅导阶段。

3.结束与巩固阶段。

（二）具体辅导过程：

1.第一次辅导：2019年3月4日上午9：00

目的：与学生初步交谈，建立联系，初步了解症结所在。

方法：摄入性谈话

辅导过程：

（1）介绍辅导方式，规则以及有关事项，填写来访登记表。

（2）与孩子会谈交流，建立共情。在孩子愿意接受的情况下，帮助分析原因，确定其改变意愿。

（3）会谈中通过分析判断，向孩子介绍导致其厌学的症结所在，并告诉他这是可以改变的，而且很容易，只要积极配合行动。

（4）介绍心理辅导的方法，了解到其愿意体验并配合。

（5）制订辅导目标，对此次来访做总结。

2.第二次辅导：2019年3月12日9：00

目的：通过会谈交流，继续介绍负性情绪处理技术，让其对这种方法增强信心。

方法：负性情绪处理技术

流程：通过渐进式放松训练处理情绪

与学生沟通好之后，通过手臂抬起法和躯体摇摆法对学生进行感受性测试，经测试得知，学生的感受性良好，然后对其进行渐进式放松性训练，导入放松状态后，通过穴位，排放负性情绪，然后对其进行积极情绪引导，置换，固化，最后唤醒。经过这一系列训练，学生感觉很放松，心情很愉快。

布置作业：让学生把想到高兴的事通过画面画出来，无所谓好与坏，表达出感受就好。

3.第三次辅导：2019年3月21日上午9：00

目的：巩固与求助者关系，继续帮助求助者处理负性情绪，再通过专注力训练技术帮助来访者提高学习兴趣，重拾学习信心。

方法：专注力训练技术

流程：与学生沟通，进行快速记忆单词的训练，学生非常愿意体验。

（1）渐进式放松训练导入状态。

（2）检测放松程度，通过中府穴加深放松状态。

（3）通过下楼梯技术加深放松程度，将学生带入更深的放松状态。

（4）用语言引导学生进入愉悦的学习状态，模拟快速记忆英语单词的场景。

（5）让学生睁开眼睛快速识记一个模块的英语单词。

（6）唤醒前积极暗示：醒来之后感觉头脑清醒、眼睛明亮、心情愉悦。

（7）通过前后训练比对，学生感受到了学习效率有很大提高，记忆单词的速度比平时快了一倍，让学生增强了回归学习的自信心。

（8）布置作业：用这种愉悦的心情背诵第二模块英语单词，并且计时。

4.第四次辅导：2019年3月28日9：00

目的：巩固前期辅导成果，与学生建立更好的关系，做负性情绪处理，专注力训练巩固，使其回到正常学习状态。

方法：负性情绪处理，专注力训练

流程：

（1）检查作业，了解学习后的感受，对其进行鼓励。

（2）渐进式放松训练导入放松状态，检测放松程度，中府穴加深，负性场景呈现，排放负性情绪，呈现积极场景，固化，唤醒。这次学生进入状态顺畅，识记单词较上次又有提高，老师及时鼓励，学生表现比较乐观。与其交谈，告诉其学习方法，用这种状态学习，就一定能把成绩提高上来。

（3）与其班主任沟通，对其学习多加关注，适时鼓励。

（4）与其家长沟通，告知其成长状况，希望近期对孩子多鼓励为主。

八、辅导效果评估

来访者自评：

学习也不是很难啊，我从今天起一定好好努力，把我以前没学好的知识补上来，老师告诉我的方法真好，我想我一定行！

心理辅导老师观察：

通过几次心理辅导，明显感觉孩子的话多了，有明显的学习愿望，并且对未来学习有了一些想法，我想孩子一定会有进步。

九、心理辅导感悟

通过谈话和孩子建立了较好的关系，并且尽量找到了共同语言，建立共情，这样在做放松训练和情绪处理时，孩子对老师的信任度增加了，达到了明显的效果。通过测试了解到孩子的感受性很好，利用渐进式放松引导很快就能进入放松状态。通过负面情绪处理，孩子的表现明显有所改善，通过专注力训练让孩子对学习重拾自信，尽管成绩没有太大的提升，但不完成作业和不上学的情况没有再出现过，并且孩子也希望有问题随时和我联系，我相信这个孩子的表现一定会越来越好的。

第五模块

考试焦虑调节技术

5-1案例：
一例初中生考试焦虑的辅导案例报告

【摘要】 本案例是一位初二男生的心理辅导过程，因即将面临结业考试压力导致焦虑情绪无法排解，通过心理辅导，明显缓解，人际交往能力和学习效率均有所提高，基本达到了心理辅导的预期目标。

【关键词】 考试焦虑　高效率学习训练技术　放松训练

一、个案基本信息

求助者龙某，男，初二学生，属于单亲家庭，经济条件不错，父亲的职业是消防战士，上班时间比较集中，关注其学习成绩，孩子有点害怕父亲。母亲再婚，每个月看孩子一次，对学习问题的关心程度属于正常程度并没过敏反应。龙某从小生活环境优越，经历挫折少。父母要求严格，尤其关注其学业成绩。小学阶段学习勤奋，成绩优秀，后来父母离异，现在一直与父亲生活在一起，初中阶段学习仍然很努力，对自己很有信心，希望通过勤奋和努力，考入省重点高中。然而，在最近几次模拟考试中，考试成绩总是不理想，父亲非常生气，责怪他不争气。告诉他如果考不上重点高中，将失去更好的学习机会。为此，他很着急，晚上睡不好觉，总想着中考时考不上重点高中怎么办？ 上课时注意力不能集中，学习效率有所下降。一听到要考试就紧张，一紧张就考不好。

龙某无躯体疾病，精神状态欠佳，容易紧张，情绪低落，睡眠不好，有明显的黑眼圈，衣着干净整洁，举止得体，注意力能集中，言语清楚，思维敏捷，无幻觉、妄想，自知力完整。学习吃力，学习成绩明显下降，还能维持基本正常的生活和学习。

二、个人陈述

进入初二第二学期以来，学习紧张，考试频率高，强度大。在最近几次模拟考试中，考试成绩不理想。父亲非常生气，责怪自己。从那时起出现烦躁不安症状，总感觉紧张、焦虑，晚上翻来覆去不能入睡。上课时注意力不能集中，感到心慌意乱，总感觉到自己学不好了也考不好了。每逢考试的前几天就不能像平常一样专心看书，总是害怕考试那天的到来，考试时心慌、出汗、思维混乱，平时记得很牢的东西，当看见考试题目时却怎么也想不起来。害怕考试后的成绩公布，怕考试成绩不理想父母的唠叨与失望。马上就要参加考试了，非常担心自己考不好。很担心这样的状况会影响考试，于是前来求助，迫切希望辅导老师帮助自己，改善自己的心境状况。

三、他人反映

（一）辅导老师观察

求助者长相清秀，眼神清澈，体态匀称，发育正常，性格温驯内向。进入辅导室时显得很紧张，低着头不敢与咨询师对视，情绪低落，不主动说话。在辅导老师开始询问后开始叙述，语言表达清晰，思维反应敏捷，无智能障碍，自知力完整，有强烈的求助意愿。

（二）父亲的反映

最近一个月来，这孩子晚上睡不好觉，躺在床上翻来覆去，早晨起来后精神不好，影响第二天的学习。在家里情绪也不稳定，经常无缘无故地发火。带他到医院去看病，说可能是学习压力太大，叮嘱多注意休息。学习环境还好，有自己独立的房间。

四、评估与诊断

（一）初步诊断：根据综合收集龙某的资料，说明他是正常心理范畴内的心理困惑，可诊断为一般心理问题，属于可以进行心理咨询范畴内的紧张焦虑情绪问题。龙某个性相对稳定，有自知力，知、情、意等心理过程是协调统一的，对自己所陷入的心理状态有担忧，主动求助，迫切希望解除烦恼与焦虑，并且没有表现出幻觉、妄想等精神病症状，龙某表现出的焦虑等症状，从严重程度标准看，其反映强度不是很强烈，没有对社会功能造成严重影响。从时长看只有一个月左右，排除了严重心理问题和神经症样性心理问题。

（二）鉴别诊断

1.与焦虑性神经症相鉴别

焦虑性神经症在症状表现上主要是焦虑，有持久的痛苦不能解决，对社会功能造成严重的影响，出现泛化，反应与初始事件本身不相关，伴有身体不适感的，显著的植物神经功能障碍，持续时间长，大于 3 个月或半年。而本案龙某虽然也以焦虑和烦恼为主要症状，学习生活效率虽有下降，但没有严重影响其社会功能，没有泛化，而且持续时间只有一个月，他因成绩下降而产生的心理冲突明显与现实相关，现实冲突为常行，因此可以焦虑性排除神经症。

2.与严重心理问题相鉴别

严重心理问题是由相对强烈的现实因素激发，情绪反应强烈，持续时间在 2 个月以上、半年以下，反应对象被泛化，对社会功能造成严重影响。而该求助者龙某的心理问题还不严重，持续时间少于 2 个月，无泛化，没有对社会功能造成严重影响，因此可以排除严重心理问题。

（三）来访者问题的原因分析

1.生物因素：该求助者的问题没有明显的生物学原因。

2.社会因素：结业考将至，学校频繁的考试带来紧张的氛围，加上父母的期望，导致求助者较大的心理压力。

3.心理因素：个性追求完美，争强好胜，性格内向。

五、辅导目标的制订

根据以上的评估与诊断，与来访者协商，确定以下辅导目标：

1.处理龙某的不良情绪，改善睡眠不好、烦躁不安等状态。

2.帮助龙某消除不合理信念，树立学习信心。

3.帮助龙某简历正常的学习和生活秩序。

4.增强龙某的自我调控能力和心理承受能力，促进其心理健康发展。

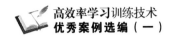
五、**辅导目标的制订**

（一）辅导方法及原理

1.高效率学习训练技术

高效率学习训练技术是由中国高效率研究院研发的一项心理训练技术，该技术以心理学、教育心理学、心理辅导等为背景，把学生在学习中的情绪、目标、专注力、家庭正能量、考试焦虑等的几个重要因素进行实践化的操作与训练，让学生在轻松愉悦中达到高效率的学习，让学生真正从学习的繁忙中解脱出来。

2.认知行为疗法

认知行为治疗是20世纪60年代发展出的一种有结构、短程、认知取向的心理治疗方法，主要针对焦虑症、抑郁症等心理疾病和不合理认知导致的心理问题进行有效调理。它的主要着眼点，放在求助者的不合理认知上，通过改变求助者对已、对人或对事的看法与态度来改变心理问题。

（二）辅导安排

辅导时间：每周2次，每次50分钟，共6次。

七、**辅导过程**

（一）辅导大致分为以下阶段：

1.诊断评估与辅导关系建立阶段（暗示感受性测试）

2.实施心理辅导阶段（放松训练）

3.实施心理辅导阶段（处理焦虑情绪）

4.实施心理辅导阶段（考试焦虑的处理）

5.实施心理辅导阶段（考试焦虑的处理）

6.结束与巩固阶段

（二）具体辅导过程：

1.第一次辅导：2019年3月3日上午10：00

目的：了解龙某的基本情况，建立良好的辅导关系，确定主要问题，制订辅导目标。

方法：摄入性谈话；暗示感受性测试

过程：

（1）填写辅导登记表，介绍辅导中的有关事项与规则。

（2）通过摄入性谈话收集龙某的资料，探寻其心理问题的原因及改变意愿。

（3）向龙某解释其产生问题的原因，介绍心理辅导的方法。

简单介绍什么是意识和潜意识及其关系，说明高效率学习训练技术是利用催眠技术对其潜意识进行工作，在潜意识工作的状态下宣泄情绪、输入正面积极的信念等技术，不仅能够塑造轻松、愉悦的情绪状态，还能提升学习专注力、提高学习效率。

（4）共同制订辅导目标。

（5）对龙某进行暗示感受性测试，确定导入的方式，龙某属于视觉型，可以用水晶球导入放松状态。

（6）征求龙某的同意，此次辅导结束和班主任取得联系，沟通信息，以帮助龙某建立良好的社会支持系统。

2.第二次辅导：2019年3月9日上午10：00

目的：处理负面情绪

方法：负性情绪处理

流程：导入—呈现——处理——固化——唤醒

（1）通过水晶球导入法将龙某导入放松状态

（2）负面情绪事件呈现

"现在，你去想象一个场景或者画面，这个场景或画面是困扰你很久或者是导致你最近情绪一直不好的事件，当你能想到这样的画面时，点头示意，或动一动右手拇指。好，体会你现在的心情，假如0～10分是你情绪的分数，0分是心情平静，10分是心情最糟糕，给你现在的心情打一个分数，"龙某给自己打了10分。

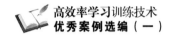
（3）处理负面情绪

"四神聪"穴位处理法：

"人体非常神秘，有很多穴位，在我们的头顶也有很多穴位，今天老师就教会你一个新的方法，利用头顶的像小烟囱一样的"四神聪"穴，排放掉刚才10分的曾让你感觉不舒服的负面情绪"

①打开头顶"四神聪"穴，头顶的四个像小烟囱一样的穴位，排出负面情绪，询问龙某排出的是什么东西，有没有颜色？是什么形态？有没有气味？龙某说是黑色的浓浓的刺鼻气味的液体。

②询问处理后的情绪：再次回到刚才那个引起你情绪波动的画面，假设情绪分数为0~10分，现在是几分？龙某给出2分。然后关闭他的"四神聪"穴位。

（4）固化：再次呈现正向事件，牢牢记忆在内心深处。

（5）催眠后暗示并唤醒：积极正向的暗示后，用数字唤醒。

3.第三次辅导：2019年3月19日上午10：00

目的：加深辅导关系，情绪焦虑处理

方法：会谈、焦虑情绪处理技术

流程：导入——呈现——处理——固化——唤醒

（1）水晶球导入放松状态

（2）焦虑事件呈现

（3）处理焦虑

①穴位处理法：

"人体非常神秘，有很多穴位，在我们的头顶也有很多穴位，今天老师还用"四神聪"穴位，帮助你排放掉刚才你打8分的曾让你感觉不舒服的焦虑情绪。

A.打开头顶四神聪穴排放情绪，龙某反馈是灰色的、无味的气体。

B.询问处理后的情绪：给出2分的结果。

②积极情绪事件呈现

"现在，你去想象一个能让你特别开心的一个画面或场景，能想象到画面时，可以点头示意。假如0～10分是你心情的状态，0分是心情平静，10分是心情最开心，你给现在自己的心情打几分。"结果龙某给出9分。

③情绪置换

"好，现在带着这种9分开心的心情回到刚才那个让你不开心的场景，0～10分，10分是最不开心，现在是几分结果龙某给出1分结果。

（4）固化，再次呈现正向事件

"好，调整呼吸，放松下来，再次去想那件让你开心的事，好，睁开眼睛，在水晶球里看到刚才你想到的那个开心画面的场景，然后定格。现在这个场景向你拉近，越来越近，当水晶球下落时，迅速闭上眼睛，再一次进入放松状态。"

（5）唤醒技术：数字唤醒

4.第四次辅导：2019年3月29日上午10：00

目的：考试焦虑的处理；加深辅导关系；了解反馈信息

方法：会谈、高效率学习训练技术

过程：导入——加深——测试——训练——固化——唤醒前暗示——醒来

（1）渐进式放松导入放松状态

（2）加深，数数字"下楼梯"

（3）测试：测试放松程度

（4）训练：考试焦虑处理训练

引导龙某体验："晚上，你躺在床上，调整到舒服的姿势，让自己的心情慢慢平静下来，做几个腹式呼吸，随着每次吸气和呼气，感觉身体从头到脚完全放松了。

考试，明天就开始了，考试对于每一个学生来说都很重要，有一点紧张焦虑的情绪是正常的。今天你会睡得很好，明天早上醒来之后，你会精力充沛，神清气爽，信心百倍。接下来，洗脸刷牙，穿上舒适的衣服，在镜子里给自己一个灿烂的笑容和自信的拥抱。然后开始吃饭，清淡富含营养的食物，会给你充足的热量和能量。接下来，带好准考证、身份证和考试所有用品，准备出发。你愉快地坐上了车子，一路顺利。一会儿工夫就到了考区，配合老师进行安全检查，假如安检仪器响起来也是很正常的，可能是你身上有金属物品，拿下去再次检查一下就可以了，核验身份信息后，你进入了考场，核对考号，找到了自己的座位坐下。缓缓地做了几个腹式呼吸，情绪稳定，内心平静，轻松淡定，充满了自信。铃响了，监考老师发试卷，你大致浏览一下试卷题型的分布，然后按照监考老师的要求，填写自己的姓名、准考证号，并把个人的相关信息，涂在了答题卡上。铃声再次响起，考试开始了，你从容自信，开始答题。监考老师来回走动的声音可以听到，但不会影响你的答题，考场内外的声音也可以听到一些，也不会干扰你的考试，你现在注意力高度集中，全神贯注，顺利作答。当遇到不会的题目时，你也会从容面对，可以通过推压自己身体的风驰穴或内观穴来唤起记忆，特别是风驰穴是记忆的仓库，当按压之后，潜意识会自动帮你搜索答案，你可以先做其他的题目，过一会儿想起来，再继续作答。你会轻松应对一切状况，因为你所学过的知识已经牢牢地记在你的脑海里，答题时，知识如行云流水一般涌现出来，可以让你顺利圆满地完成考试任务。现在你已经顺利地答完了所有的题目，并仔细地检查了一遍，自己感觉非常满意，可以轻松交卷了，这时交卷铃声响了，你愉快的交卷，轻松地走出考场，把这一页轻松地翻了过去，然后准备迎接下一科的考试。感觉太好了！你会带着这种轻松愉快的感觉，答完接下来几科的所有考试！现在你的内心平和喜悦，身体也轻松柔软，你可以美美地睡觉了，带着这种开心和幸福的感觉，快速进入了梦乡……"

（5）固化：引导龙某："你会记住这种感觉，每次当你考试前一天，你都会训练自己，进入到这种良好的状态中"。

（6）唤醒前暗示："一会儿我会从3数到1，当我数到1的时候，你就会醒来，醒来以后，你会感觉精力和体力得到了很好的恢复，眼睛明亮，心情愉悦，头脑清醒。好，3，2，1醒来！"

5.第五次辅导：2019年4月2日上午10：00

目的：考试焦虑的处理；加深辅导关系；了解反馈信息

方法：会谈、高效率学习训练技术

过程：导入——加深——测试——训练——固化——唤醒前暗示——唤醒

（1）导入渐进式放松状态

（2）加深：数数字"下楼梯"加深法

（3）测试：测试放松程度

（4）训练：考试焦虑处理训练

模拟考试现场完整过程：

"现在你去想象明天早上醒来，准备去考场，洗漱，吃饭完毕，现在我们来到了考场，看一下考号，找到自己对应的座位，打铃，发卷子，看一下试卷题型的分布，规划一下答题时间，开始答题。

当遇到不会的题目时，你会淡定面对，可以通过推压自己身体的穴位来唤起记忆，按压风驰、内观、膻中等穴位，过一会儿你就会慢慢想起来，顺利作答。

你会从容应对，紧张时慢慢调整呼吸，闭上眼睛，想象面前出现一块白板，之前复习过的内容会慢慢浮现在白板上，找到那个你想要的知识点，再次睁开眼睛，按照顺序慢慢作答，满意答好试卷，轻松交卷，走出考场。

好，现在调整自己的呼吸，做几次腹式呼吸，更加放松，体会这种放松的感觉"。

催眠后积极暗示："你知道刚才我们一起经历了一次考试的场景，它是清楚、真实发生的。在明天或今后的考试中，你会轻松从容地去面对，会像今天我们做过的练习一样，沉着、冷静去应对"。

（5）固化："你会记住这种感觉，每次当你考试前一天，你都会训练自己，进入到这种良好的状态中"。

（6）唤醒前积极暗示："一会儿，我会从3数到1，当我数到1的时候，你就会醒来，醒来你会感觉精力和体力得到了很好的恢复，眼睛明亮，心情愉悦，头脑清醒，好，3，2，1，醒来！"

6.第六次辅导：2019年4月16日上午10：00

目的：

（1）巩固辅导效果。

（2）结束辅导。

方法：会谈、焦虑自测量表测试

过程：

（1）焦虑自测量表测试，反馈自我训练的进行情况、效果、感受，对于不适当的地方进行辅导。

（2）会谈：将龙某在以后的学习、考试过程中可能出现的不适应情况进行列举，和龙某一同探讨该如何处理，增强其自我解决问题的能力。

（3）指出今后努力的方向：高效率学习状态的自我探索、情绪调节能力的提高、人际交往能力的提高等。

八、辅导效果评估

1.来访者自评："通过辅导，我的心情好了很多，对学习更有信心了，在班主任的鼓励下，在班级更开心了，也在努力学会和同学交往中，觉得自己还是有很多优点的"。

2.心理辅导老师观察：通过会谈和跟踪了解到，来访者龙某的认知更加全面了，理解了辩证看待问题、积极看待问题的方法；焦虑情绪基本消失；对学习更有信心并且掌握了高效学习状态的塑造方法；对人际交往不再回避，愿意尝试提高人际交往的能力；自我意识更加清晰、自信心有所提高。

3.教师反馈：来访者情绪状态好了很多，听课比较积极，主动回答问题；更愿意与同学交往了。

九、心理辅导感悟

对于初中生而言，不论是情绪问题还是学习问题都可以进行高效率学习训练调整的，因为高效率学习训练技术的程序之中包含着渐进式放松训练，在解决学习问题的时候情绪问题也得到了一定的处理。在本案例中，心理老师与求助者建立了良好的关系，全面地掌握了求助者的情况，取得了求助者的信任。因此在辅导中得到了他们很好的参与。求助者的智力水平及悟性也是取得成效的重要基础。针对求助者的家庭背景、性格特点以及具体情况，在辅导过程中应用高效率学习放松训练技术，有效缓解了求助者考试时的紧张情绪，取得了良好的辅导效果。

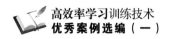

5-2案例：

一例初中生考试焦虑的辅导案例报告

【摘要】本案例是对一位初四女生考前焦虑的心理辅导过程，个案畅畅是个优等生，因即将到来的中考压力导致考试焦虑无法宣泄，通过运用高效率学习训练技术，有效使用渐进式放松疗法、考试焦虑调节技术、专注力训练技术，对个案进行考试焦虑处理和专注力提升训练，取得了良好的辅导效果，达到了心理辅导的预期目标。

【关键词】考试焦虑　高效率学习训练技术　专注训练

一、 个案基本信息

来访者畅畅（化名），女，15岁，初中四年级的学生。她成绩优异，性格内向，进取心较强。她自幼身体发育和健康状况良好。父母在她小学四年级时离异，由母亲单独抚养，母亲无正式工作，做布艺手工谋生，家庭收入偏低。母亲自立自强，对畅畅要求始终特别严格，她也很懂事，在小学的时候就会做简单的饭菜，经常帮妈妈做一些力所能及的家务。妈妈从来不用操心她的学习，特别主动并且还很刻苦，成绩一直排在年级的前几名。既是母亲贴心的小棉袄，也是母亲的骄傲，母亲经常逢人便讲："这个孩子是我这辈子的唯一的希望，我呀，就指望这个孩子了"。由于妈妈忙于生计，小畅和妈妈的沟通相对较少。

二、 个案陈述

我是一名即将中考的初四学生，决定命运的考试就要来临了，面对必须经历的考试，我是越来越没有信心了，每天离开家都非常担心，心里觉得很紧张，对于去学校学习内心感到有很大的压力。其实我学习挺用功的，学习成绩可以说挺好的，基本上都是年级的前三名。妈妈说我是她的骄傲，她特别希望我考入实验中学，老师也期望我能进入一流的高中和一流的班级，她们常说只要我发挥正常，就一定能考上重点高中的尖子班，这让我觉得我要是不考上尖子班就对不起老师，对不起妈妈，简直压力山大啊！虽然模拟考试考得还不错，但是我想这只是暂时的。我的成绩能保持在前几名，一定有幸运的成分在里面。离中考没有多长时间了，可是我最近自我感觉状态不好，眼看着别的同学认认真真地学习，一点儿都不分心，我这心里着急呀！心情不好，还总走神，脑子里不知道在想什么，特烦！有时候会为一点点儿小事儿大发脾气，过后又觉得不值得，但当时真的没办法控制自己。我自己知道这样下去一定不行，我的成绩即将惨不忍睹，中考肯定考不好了。一想到这些，我的心就别提多难受了！可怕的是最近几周，晚上一上床闭上眼睛就会想这些事，有的时候什么时候睡着都不知道，后果就是白天无精打采，上课时注意力就更加集中不起来了，又添了新毛病还不想吃饭了。只要一想到一个多月后的中考，我就会冒冷汗，心烦意乱。睡眠质量越来越差，有时会翻来覆去睡不着觉，担心长期下去自己会出什么问题，想尽快摆脱这种境地，向班主任寻求帮助。最近一个多月注意力不集中、学习效果不好，情绪低落、经常发脾气，睡眠质量较差、不想吃东西。害怕考试，包括平时的小考也很害怕，一旦想到中考那就更麻烦了，烦躁得想摔东西，看什么都不顺眼了。

三、观察和了解情况

该生由她的班主任领着前来辅导，小姑娘长得眉清目秀，是很漂亮的女孩，衣着整洁，有礼貌，行为举止都很得体。说话的时候言语表达流畅，思路清晰，逻辑性强，表述自己最近一段时间，为即将到来的中考感到恐慌，睡眠质量不高，紧张焦虑，非常害怕。

躯体方面：畅畅身体没有不良的感觉，没有重大器质性疾病，无家族精神病史及遗传疾病。

人格方面：人格稳定，生活习惯方面没有异常表现。

社会功能方面：能够正常地到校学习，和家庭成员、任课教师、班级同学等，进行正常交往。

四、评估与诊断

（一）评估：综合以上所有资料，心理教师得出结论，认为这个孩

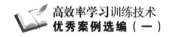
子智力正常，自知力完整，感知方面没有异常，也没有出现幻觉、妄想等精神病症状。

（二）诊断：畅畅属于考前焦虑导致的情绪紧张问题，是一般心理问题。

1.由于中考压力等现实因素而产生内心冲突，并由此体验到不良情绪：担心、害怕、烦躁、焦虑等。

2.不良情绪反应在可控范围内，能保持行为不离谱、不过激，可以维持正常生活，能正常到校学习与社会交往，但较以前，学习效率是有所下降的。

五、分析心理因素

（一）存在错误认知：认为考试成绩好是幸运的，主观推断自己成绩不会一直这么好，中考肯定考不好，上不了一流高中。

（二）情绪方面：受到紧张、焦虑、烦躁、害怕等情绪困扰和影响。

（三）行为模式上：本人缺乏解决问题的策略与技巧，同时不能正确对待考试压力。

（四）性格内向，缺乏自信。

六、辅导方案的制订

（一）改变求助者畅畅的错误认知，使其明确几次模拟考试成绩都很好，不是偶然因素，是平日踏实学习的结果，是靠自己的真正实力赢得的，对自己的能力不容置疑。

（二）辅导老师最初指导畅畅进行放松训练，通过肌肉的放松来解决情绪紧张焦虑的问题，然后通过腹式呼吸的方法，调解放松畅畅的全身肌肉，使其消除杂念，缓解负性情绪的困扰。

（三）利用心理能量聚焦技术对该生进行专注力的训练。

（四）利用心理能量裂变技术对该生进行考试焦虑处理。

（五）时间定为七天一次，每次40分钟，辅导次数4次。

七、具体辅导过程

（一）第一次辅导

时间：5月4日上午9：30

地点：辅导教室

目的：收集资料建立关系，进行简单的放松训练

1.腹式呼吸放松法。

2.渐进式放松训练法。

3.作业：回家后反复练习，做到收放自如。

（二）第二次辅导

时间：5月11日9：30

地点：辅导教室

目的：专注力训练

1.暗示感受性测试：对畅畅用了多种方法进行感受性测试，结果显示这个孩子的感受性为视觉型。

2.导入：采用水晶球凝视法，将畅畅导入到催眠放松状态。

3.测试：通过手臂提放测试其放松状态的程度。

4.加深：利用数数字"下楼梯"的方法，对其放松状态进一步加深，让其在这放松的良好状态中，多呆一会。

5.训练：导入到高效率学习状态。

6.固化：进行催眠后积极暗示，让其有今后学习中都会注意力完全集中，建立迅速进入到高效率学习状态的信念。

7.唤醒：配合积极正向的指导语将其唤醒。

8.确认效果：醒来后再确认高效学习效果，训练书上的记忆内容检验学习效果。

9.作业：选取英语单词进行背诵，是否比之前背诵的效率提高了。

（三）第三次辅导

时间：5月18日9：30

地点：辅导教室

目的：考试焦虑处理

1.导入放松状态。

2.模拟考试现场完整过程。

3.调整呼吸，腹式呼吸放松训练。

4.催眠后积极暗示：让其增强从容面对考试的信心，对于中考会像每次练习时一样，平和、沉着、冷静地去应对。

5.唤醒。

6.作业：每次小考后回顾考试时状态是否有改变。

（四）第四次辅导

时间：5月25日9：30

地点：辅导教室

目的：考场模拟

1.导入：渐进式放松的训练方法，进入到放松状态。

2.情景模拟：考场重现和模拟考场场景。

3.加深：调整呼吸，腹式呼吸放松训练。

4.固化：进入自动化考试的运行模式，以积极、愉快、高效的状态迎接考试。

5.唤醒：配合积极正向的指导语将其唤醒。

八、辅导效果

在本案例中，我与该生建立了良好的辅导关系，比较全面地了解该生的情况，针对其存在考试焦虑及专注力不佳的问题，我对其进行了为期一个月的辅导。经过几次辅导，这个孩子可以心无旁骛地学习了，自称睡眠状况变好了，心情愉悦。听课时能够保持良好的注意力，学习效率有所提高，变得自信了，而且成绩稳中有升。在最近的一次考试中，能够沉着冷静、应答自如，取得了年级第二的好成绩。老师和同学反映这个孩子开朗了很多，上课注意力高度集中，课上回答问题积极，学习状态极好。在辅导过程中，用了高效率学习放松疗法、心理能量聚焦技术、心理能量裂变技术，对该生进行专注力的训练及考试焦虑处理，取得了良好的辅导效果。

5-3案例：
一例考试焦虑辅导案例的报告

【摘要】求助者于某是一名初四男生，近期成绩下降，因此产生了焦虑自卑心理和考试恐惧，影响了正常的学习。心理老师运用了高效率学习训练技术和催眠放松疗法，让求助者缓解并克服了考试焦虑情绪，同时提高了求助者的心理健康水平，使其个人潜能得到了充分发挥，在中考复习的模拟考试中，发挥了正常水平。

【关键词】考试焦虑　高效率学习训练技术　催眠放松

一、个案基本信息

于某，男，16岁，初四学生，身高体重发育正常，身体健康，无重大疾病，独生子，家族成员无精神病史。于某上学前一直和父母生活在一起，后因父母离异，和祖父母一起生活。父亲长年在外务工，与于某不经常见面，但对其管教严格，促使于某做事认真负责，要求完美。于某自述和父亲关系一般，喜欢和母亲在一起，但因其父系家人不支持，另因母亲重组家庭，也不是很方便，只能定期去母亲处小聚一两天。最近上课注意力无法集中，学习效率明显下降，近期与同学互动交流显著减少，出现焦虑不安，睡眠质量差，记忆力减退，自我评价低等状态。

二、个案陈述

我的学习成绩在班里一般是靠前的，最差也没掉出过前十五名。平时没有感觉到有太大的学习压力，情绪也无巨大波动，在中考前两个月的一次模拟考试开始前，意识到中考日益临近，决定命运的时刻很快就要到来，带着这种心情参加了第一次模拟考试。由于对考试看得太重，考试紧张，考试开始一段时间，脑子一片空白。结果这次考试几门课程考得相当差，成绩出来后更让自己感到吃惊，竟然下降到二十多名。自己很沮丧，老师和同学对自己也产生了怀疑，于是心情更加沉重，感到紧张和压抑，甚至产生了对考试的恐惧心理。整天为了学习考试问题冥

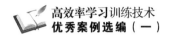

思苦想，怕考试成绩继续下滑，越想越害怕，越来越担心，担心考不上高中。睡眠也受到了影响，连做梦都梦见考试，好多次都从半夜醒来久久难以入睡。课堂上注意力集中不起来，经常感到心神不宁。

三、观察与反映

1.心理老师观察到：求助者于某衣着朴素，神情稍有紧张，情绪低落，低头讲话，谈吐正常，对自己症状清楚，要求尽快摆脱目前恶劣的心境。

2.班主任反映：该生平时学习刻苦，学习成绩名列前茅。因为平时排在他后面的同学进步很快，他担心自己被别的同学超过，学习更加刻苦。但近来心情烦躁，学习效率减低，学习成绩下降。

四、评估与诊断

（一）初步诊断于某因中考压力导致考前焦虑的情绪问题，为一般心理问题。

（二）诊断依据

1.于某智力水平正常，考试压力大，焦虑情绪明显，整体心理健康状态较差，家庭无精神病史，本人无重大疾病，本人对症状自知，主动寻求帮助。

2.于某目前的心理行为问题是由明显的现实原因引起，表现出焦虑、烦躁、考试恐惧、注意力不集中、学习效率下降、记忆力减退、睡眠障碍等症状。从严重程度上看，反应强度不是很大。

综合分析收集到的所有资料，诊断为一般心理问题：考试焦虑。

（三）鉴别诊断

1.求助者于某知情意统一，主客观一致，个性稳定，对自己的心理问题有自知力。没有幻觉、妄想等精神病性症状，可以排除精神病性障碍。

2.求助者于某的情绪反应由现实情境引发，没有泛化。情绪持续时间短，社会功能基本不受影响，可以排除神经症性心理问题和严重心理问题。

（四）求助者问题的原因分析

1.生物因素：处于青春期。

2.社会因素：长期与父母分离，隔代教育代沟较深，不愿与同学互动交流，社会支持系统较差。

3.心理因素：要求完美，对自己评价较低，不能很好地调控自我情绪，缓解压力、焦虑。

五、咨询目标

根据以上的评估与诊断，与于某协商，确定以下辅导目标：

1.运用高效率学习训练技术，减缓或克服于某考试焦虑状态，树立自信心。

2.帮助于某改善睡眠状况。

3.使于某不良的父子关系得到改善。

4.帮助于某顺畅人际关系，增进与社会系统的互动与交流，完善健全自我人格。

六、辅导方法及原理

（一）应用的技术方法和原理

1.高效率学习训练技术，是由中国高效率研究院研发的一项心理训练技术，该技术以心理学、教育心理学、心理辅导等为背景，把学生在学习中的情绪、目标、专注力、家庭正能量、考试焦虑等几个重要因素进行实践化的操作与训练，让学生在轻松愉悦中达到高效率的学习，让学生真正从学习的繁忙中解脱出来。

2.经络催眠放松技术。

（二）辅导安排

辅导时间：每周1次，每次60分钟左右，共3次。

七、具体过程

（一）辅导大致分为以下阶段：

1.诊断评估与辅导关系建立阶段。

2.实施心理辅导阶段。

3.结束与巩固阶段。

（二）具体辅导过程

1.第一次辅导

时间：2019年5月8日上午10点

地点：心理辅导室

目的：建立良好的辅导关系，收集于某的基本资料

方法： 摄入性会谈

流程：

（1）填写辅导记录，说明保密原则。

（2）收集一般资料。

（3）介绍心理辅导的方法。说明高效率学习训练技术是其潜意识进行工作

（4）制订辅导计划和近远期目标。

（5）与班主任联系，帮助于某建立良好的社会支持系统。

2.第二次辅导

时间：2019年5月15日下午3点

地点：心理辅导室

目的：负性情绪处理

方法：负性情绪处理技术

流程：

首先测试来访者的暗示感受性：

（1）心理老师站在学生身侧，拿出水晶球，引导语跟进水晶球测试法。

（2）让来访者双脚并拢，双手自然下垂，做腹式呼吸，引导语跟进身体摇摆法测试。

两种测试中，于某对水晶球凝视法感受性较好。

正式进入情绪处理阶段：

（1）水晶球导入催眠状态：让于某坐到椅子的三分之一处，后背

挺直，引导进入到放松的催眠状态。

（2）测试放松程度：手臂无力量支配，放松程度很好。

（3）"下楼梯"加深：引导于某进入更深的放松状态。

（4）负面情绪事件呈现：引导于某想象负面情绪事件，0分为心情平静，10分为心情最糟糕，给负性情绪打分，于某打了9分。

（5）处理负面情绪：帮助于某打开头顶"四神聪"穴位，引导于某感受排出负面情绪，询问处理后的情绪，再次给负面情绪打分为6分。关闭"四神聪"穴。

（6）积极情绪事件呈现：引导于某去想象特别开心的一个场景或者画面，10分代表最开心，0分代表心情平静，这次于某想了一个10分的开心场景。

（7）情绪置换：引导于某带着这个10分开心的心情，回到刚才那个不开心的场景里面，再次给不开心的情绪打分，此时打分为4分。

（8）再次呈现正向事件：让于某调整呼吸，继续放松，再次回到开心的场景里面，去想象那件开心的事情，想到那个开心的场景后进行固化。

（9）催眠后暗示、唤醒

3.第三次辅导

时间：2019年5月22日上午10点

地点：心理辅导室

目的：处理考试焦虑情绪

方法：考试焦虑情绪处理技术

流程：

（1）水晶球导入：让于某坐到椅子的三分之一处，后背挺直，引导进入催眠放松状态。

（2）测试放松程度：放松程度一般，手臂还有支配的力量。

（3）"下楼梯"加深：引导于某进入更放松的催眠状态。

（4）考试场景呈现，处理焦虑情绪。

八、辅导效果

1.来访者自评：通过三次辅导，于某自诉睡眠状况明显好转，上课注意力有所改善，心情好多了。

2.辅导老师观察：于某精神面貌有明显改观，乐观、自信、面带微笑。

3.教师反馈：班主任反应于某最近上课能够认真听讲，心态平和了许多。

4.同学反馈：情绪变得平和多了，能和颜悦色地和同学相处，并且能开心地聊天。

九、辅导感悟

本案例中心理老师有效运用了高效率学习训练技术和催眠放松疗法，让求助者缓解并克服了考试焦虑情绪，同时提高了求助者的心理健康水平。对于学生的心理辅导，尽量使其能有好的延伸效果，以后在生活中出现相同的事情不会引起情绪的大起大落，让青春期的学生能够很理智地去处理一些事情。

5-4案例：
高效率学习考试训练技术辅导案例

【摘要】本案例是对高二女生考试焦虑的心理问题进行辅导的案例报告。心理辅导老师通过运用高效率学习训练技术帮助求助者通过放松训练和认知领悟疗法逐步消除了她的不良情绪和行为，解除了她对考试的恐惧心理，通过3次会谈，使之消除负面情绪，恢复正常的考试状态，基本达到了心理辅导的预期目标。

【关键词】考试焦虑 放松训练 积极的自我暗示 高效率学习训练技术

一、 个案基本信息

陈某，女，17岁，高二学生，家中独生女，父母亲都是教师，家庭和睦，家庭无精神病历史，本人身体健康无重大躯体病症历史。

求助者自述父母对她不满意，因为她提前一年上学，母亲对她要求非常苛刻，从小她就看父母的脸色行事，她5岁上学，很聪明伶俐。但是，由于比班里的同学都小1至2岁，她在学习和自理能力上赶不上其他同学。在她小的时候，曾经发生过这样一件事，有一次考试，因为她马虎有几道计算题做错了，母亲便骂她，还将手中的钢笔甩到她的脸上，笔尖刺伤了她的脸，鲜血直流，她至今想起这件事还害怕。从那以后，便养成了做题检查的习惯。上高中时，有一次做题，一道很简单的题她做错了，被老师当众批评，觉得很害羞，难过得直流眼泪，心中暗下决心，下次一定不再错了。自此以后，凡是大型考试之前，她都会出现一些害怕、紧张情绪，并伴有生理反应，腹泻、头晕等不适反应，考试过程中，遇到稍微难一点的题，就不会往下做了，结果经常答不完卷子，影响考试成绩。求助时希望得到帮助，消除毛病，改善状况。

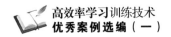

二、 个案陈述

老师，我现在一拿到卷子就紧张，大脑一片空白，越是担心，就越不会答题，为什么我总是这样啊？尤其是英语考试时，我在家会的单词一到考场就全都想不起来了，我怎么这么笨呢？每次越想考好，就越考不好，心理很乱，手心出汗，双腿发抖，妈妈说我没救了，我很委屈，只好求助于心理老师，希望老师能够帮助我克服对考试紧张焦虑心理，能够正常地学习和面对考试。从这个学期开学以来的月考中，由于考试紧张，在考试中没有答完卷子，心情很不好，怎么办啊？

三、 他人反映

（一）辅导老师的观察：初次会谈后心理老师对求助者陈某某的印象很好，她举止得体、大方、思维清晰、叙述清楚，但有明显的焦虑感。

（二）老师反馈：该生与同学关系较好，比较愿意参加一些学校的活动，但是这几次考试没有考好，影响了她的情绪，找她谈话时紧张得直搓手，低头不语，好像很委屈。

（三）同学反馈：求助者陈某某是个内向、善良的好同学，但是自从进入高二以来，好像不太爱说话了，这两次没有考好，情绪很低落，每天只是埋头看书，有时还坐在教室里发呆，不知在想什么？

四、 评估与诊断

（一）初步诊断：一般心理问题

（二）诊断依据

1.由现实事件引起：因为父母对其要求过高，缺少关怀；尤其是进入青春期，情绪不稳定。

2.不良情绪反应仍在理智控制之下，始终保持行为不失常态，基本维持正常学习、生活，没有社会功能受损。

3.不良情绪的激发因素仅局限于最初事件，情绪反应尚未泛化。

（三）鉴别诊断

一般心理问题（考试焦虑）。

（四）来访者问题的原因分析

1.生物因素：

（1）求助者17岁，是处于青春期的女孩，做事尽量要做到完美，自尊心极强，敏感，感受性强。

（2）医院检查没有器质性病变。

2.社会因素：

（1）家庭条件好，物质上比较容易满足，很少受到挫折。

（2）班主任对其成绩下降给予严厉的批评，陈同学觉得很难过，紧张焦虑的情绪没有得到及时的排解，心情越来越差。

3.心理因素：

（1）错误的认知：认为只要考试能考好，自己就是一个好学生，考不好就不是好学生，一直认为自己很聪明，不愿付出努力去学习，复习。过于纠结一些难题、偏题，导致每次考试总做不完题。

（2）潜意识条件反射：由于过于看重考试成绩，一到重大考试就紧张，内心非常焦虑，自己又控制不了这种情绪，导致恶性循环，过度的焦虑影响考试，更加剧了她的焦虑情绪，不断地刺激下，逐渐地产生了消极对待考试的情绪。

五、辅导目标的制订

根据以上评估与诊断，同求助者陈某协商，确定如下辅导目标：

1.运用高效率训练技术，帮助陈某学会放松，缓解焦虑情绪，减轻直至纠正自己的错误行为和想法。

2.帮助陈某在轻松愉快的情绪中高效的学习。

3.帮助陈某在考试期间以稳定的状态和自信的态度对待考试。

4.帮助陈某不断地强化这种愉快和放松的心情，正向迁移到考试和生活当中去，提高求助者陈某的心理健康水平，使陈某拥有合理的思维和成熟的心理。

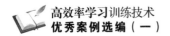
六、**辅导方法及原理**

1.高效率学习训练技术。

2.辅导过程分为三个阶段：

（1）第一阶段是心理评估和诊断阶段，建立关系，收集资料，进行心理诊断，确定辅导目标。

（2）第二阶段是辅导阶段，首先帮助求助者分析和解决问题，改变错误的认知，其次是缓解考试焦虑的情绪处理。

（3）第三阶段是巩固与结束阶段，求助者把在辅导中学会的放松处理情绪的方法运用到今后的学习和生活中去，不断完善人格，提高心理健康水平。

3.辅导时间：每周1次，每次60分钟，共四次。

七、**辅导过程**

（一）第一次辅导

时间：2019年5月8日中午12点

地点：学校心理辅导室

目的：收集资料，建立关系，进行简单的放松训练，缓解焦虑的情绪。

方法：

认知重建：首先让求助者明白，出现考试紧张，每个人都或多或少会出现紧张焦虑的情绪，这很正常，只要不是过度的紧张焦虑，这不是坏事，听了这些，来访者似有安慰感，感觉心里轻松了不少，认为她有了希望，愿意与心理老师好好配合。这个阶段，首先通过启发式谈话，寻找紧张焦虑的根源。通过交谈，了解到因为小陈性格比较内向，平时与父母就缺少沟通，因此父母对她的成绩和心理状态不太了解，简单地以为她成绩不错。父母把希望寄托在她身上，给她提供了很好的学习条件，同时也对她提出了考名牌大学的要求，父母的期望就成为了很大的一个压力。建议她尝试与父母沟通，让父母更好地了解她的实际情况。减轻这长期以来的精神负担。建立正确的认知模式，高考成绩的好坏是由很多因素决定的，一个人是否成功并不完全是由高考决定的，如果紧张焦虑过度反而会影响考试的状态。

放松训练：在心理老师的指导语下，进行渐进式放松训练，采用腹式呼吸，对头部、肩部以及全身做适当的放松处理，学会瞬间攥紧拳头的放松方法，在考试当中通过肌肉的紧张放松从而达到缓解焦虑情绪，减轻直至纠正自己的错误行为和想法。

布置作业：求助者回家进行反复的渐进式放松训练。

（二）第二次辅导

时间：2019年5月15日中午12点

地点：学校心理辅导室

目的：通过渐进式放松训练，缓解紧张焦虑的情绪

方法：通过谈话，了解放松训练在求助者考试当中的作用，让求助者学会和表达在考试中的紧张焦虑的状态，进一步建立良好的辅导关系，利用高效率学习技术中的负性情绪处理，排放掉负面情绪。

1.负性情绪事件呈现：先对求助者进行渐进式放松，测试放松程度，在求助者进入到放松的状态后，再现考试时紧张、焦虑的情绪场景，给自己的心情打分，0~10分是她的心情，最不好是10分，给自己打分是9分。

2.穴位处理：打开头顶像小烟囱的四神聪穴，让那个9分的负面情绪排放，颜色是灰色的，形态是气体，气味是难闻的。

3.积极情绪事件的呈现：关闭头部像小烟囱一样的四神聪穴，想象一个小时候学习中的快乐场景，给自己的心情打分，0~10，心情最好是10分，给自己打8分。

4.情绪置换：再次回到那个没有考好成绩的场景，给自己的情绪打分，心情由好到坏是0~10分，给自己打2分。

5.固化：对积极的情绪进行固化，继续体验这种积极快乐的情绪状态，学习效率会大大地提高。

6.唤醒：醒来后会觉得眼睛明亮，心情愉悦，头脑清醒，身体非常

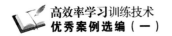
轻松。

布置作业：求助者通过听舒缓的音乐，学会放松并悦纳自我，增强自我价值感。

（三）第三次辅导

时间：2019年5月22日中午12点

地点：学校心理辅导室

目的：通过高效率学习训练，进行专注力的指导训练

方法：求助者谈到，通过前两次辅导，她体验到了自己在认知、情感、情绪和行为方面的变化，在学习和生活中有了很大的改变，积极参加班级活动，消除了紧张焦虑的情绪，心理老师要求她继续巩固和完善。

1.导入：用水晶球导入到放松状态。

2.加深：点按求助者中府穴进行加深。

3.训练：导入到高效率学习状态进行提高专注力训练，背诵英文单词。

4.固化：在今后的学习中都会带着这种注意力高度集中的状态进行学习，大大提高学习效率。

5.唤醒：配合积极正向的指导语将其唤醒。

6.确认效果：醒来后再次确认高效率学习效果，考查单词记忆数量和正确率。

布置作业：回家后每天继续进行放松训练和专注力训练，通过背诵单词，向老师及时反馈是否学习效率提高了。

（四）第四次辅导

时间：2019年5月29日中午12点

地点：学校心理辅导室

目的：高效率学习指导训练，进行考试焦虑处理

方法：

1.导入：渐进式放松训练，迅速进入到放松状态。

2.考试情境模拟：考场重现和模拟考场场景。

3.加深：调整呼吸，点按中府穴，再次进入到放松状态。

4.固化：进入考试运行模式，能够在紧急的情况下应对处理，点按内关穴，最后，以积极、愉快、高效的情绪状态考完所有的科目，自信地走出考场。

5.唤醒：配合积极正向的指导语唤醒。

八、辅导效果评估

1.来访者自评：

通过辅导，自己收获很大，不但在认知上得到了澄清，情绪上也有了很大的变化。考试时不再紧张，能够做到正常发挥平时的学习水平。

2.心理辅导老师的观察

通过回访和跟踪，辅导基本上达到预期的目标，求助者考试当中紧张、焦虑的情绪得到缓解，改变了不良的认知模式，自信心有所增强，辅导过程较完整，调理清晰。

3.家长反馈

通过观察，孩子不再有焦虑感，能够和家人、同学友好相处，能够控制自己的行为，建立了稳固的行为模式，紧张焦虑的情绪得到有效缓解。

4.班主任的评价。

学习状态积极，考试成绩也有进步。

5.同学的评价。

求助者又恢复到以往的状态，乐观，能够与同学正常交流。

九、心理辅导感悟

本案例中，心理老师与求助者陈某建立了良好的关系，对于求助者能够认真倾听，帮助求助者制订与之症状相适应的高效率学习训练技术，学生在心理老师的指导下，认真配合，使辅导呈现较好的效果，尤其是在心理能量气场技术当中，及时地排放掉不良的情绪，有效地缓解了紧张、焦虑的情绪，取得了良好的辅导效果。

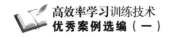

5-5案例：

运用高效率学习训练技术辅导学生考试焦虑的案例报告

【摘要】本文是一例因考试焦虑引起的学习效率低的学生心理辅导案例报告。心理辅导教师主要通过高效率学习训练技术与合理情绪疗法，来纠正来访学生的不合理信念，帮助他提升学习专注力，提高学习的动力与自信心，取得了较好的辅导效果。

【关键词】考试焦虑　高效率学习训练技术　合理情绪疗法

一、个案基本信息

李某，男，15岁，初二学生，汉族，身高165厘米，体态正常，无重大躯体疾病，家庭无精神疾病史。李某5岁时父母离异，由父亲抚养。10岁时父亲再婚，与父亲和继母一起生活，自诉继母对他很好，每天三顿饭能正常在家吃。7周岁上小学，学习一直跟不上，为了能重读一年学，曾转了两次学。最近，情绪焦虑，注意力不集中，食欲不振，失眠健忘，背部有痛感，对学习效率有一定的影响，前来求助。

二、个案陈述

上中学后，学习还算能跟上，初一时成绩在年级三四百名，初二时上到了三百名以内。这学期因为地理、生物要结业了，结业成绩最终要计入中考成绩中，感到紧张焦虑，压力大，自己想考个好成绩，可总记不住，很着急。晚上睡不着觉，白天没有精神，上课也不能注意听讲，看不进去书，最近几天总是后背疼痛。

三、观察和搜集他人的反映

（一）心理辅导老师了解和观察到的情况：

李某相貌平常，性格有些内向，穿着校服，说话时来回搓手，有焦虑情绪，语速较慢，语言表达流畅，声音较低，诉说时思路清晰，叙述清楚。感知觉、记忆及思维未见异常，言行一致，人格相对稳定，无重大疾病史。

（二）班主任反映：

该生性格有些内向、腼腆，学习努力，比较懂事，自尊心极强，成绩一直中等。班主任经常鼓励他，在他自己的努力下，初一至初二成绩有一定进步。

四、评估与诊断

（一）因学习压力大导致焦虑情绪，属于一般心理问题。

（二）诊断依据

1.由现实事件引起的，因为地理、生物要结业了，结业成绩最终要计入中考成绩中，对结业成绩很重视，感到压力大。

2.时程短：表现出紧张、焦虑不良情绪持续一周。

3.从严重程度标准来看，反应只局限在最初事件，无泛化。

4.来访学生心理问题由现实因素所激发，不良情绪反应仍在理智控制下，但是学习效率与学习动力有所下降。

（三）鉴别诊断

1.与神经症相鉴别：来访者虽然存在情绪低落、自卑、焦虑、失眠等症状，但时间短，仅为一周左右，并未泛化，对社会功能尚未造成明显影响，生理功能也基本正常，可以排除神经症。

2.与严重心理问题相鉴别：严重心理问题的反应强度强烈，已泛化，对社会功能造成严重影响，病程大于两个月。而李某的心理问题并不严重，没有对社会功能造成严重影响，持续的时间较短，因此可以排除严重心理问题。

（四）来访者问题的原因分析

1.生物因素：青春期、叛逆期。

2.社会因素：父母离异，缺少关爱，家庭环境有一定影响。

3.心理因素：性格偏内向，自我情绪调节能力不完善，对结业考试过度关注。

五、**辅导目标的制订**

根据以上的评估与诊断，与来访者协商，确定以下辅导目标：

1.缓解来访者的焦虑、紧张情绪，使他能以积极的情绪投入学习和生活中。

2.改变来访者李某的不良认知，树立自信心。

3.帮助来访者塑造高效率的学习状态，提高来访者学习的专注力，使来访者学习时，注意力集中、精力充沛，阳光、愉快，有意义的生活下去。

六、**辅导方法及原理**

（一）应用的技术方法和原理

1.高效率学习训练技术

高效率学习训练技术是由中国高效率研究院研发的一项心理训练技术，该技术以心理学、教育心理学、心理辅导等为背景，把学生在学习中的情绪、目标、专注力、家庭正能量、考试焦虑等的几个重要因素进行实践化的操作与训练，让学生真正在轻松愉悦中提升学习专注力，达到高效率的学习状态。

2.合理情绪疗法

合理情绪疗法是认知行为疗法的一种，是20世纪50年代由埃利斯首创的一种心理治疗理论和方法，ABC理论是合理情绪疗法的核心理论，它的主要观点是人的情绪，主要根源于自己的信念以及他对生活情境的解释与评价的不同，在ABC理论模型中，A指诱发事件；B指个体对这一事件的看法解释及评价，即信念；C是指继这一事件后，个体的情绪反应及行为结果。常用的合理情绪疗法的技能主要有：与不合理信念辩论，合理情绪想象技术，家庭作业，以及一些情绪与行为方面的治疗方法和技术。

（二）辅导安排

辅导时间：每周2次，每次50分钟左右，共6次。

七、**辅导过程**

（一）辅导大致分为以下阶段：

1.诊断评估与辅导关系建立阶段。

2.实施心理帮助阶段。

3.结束与巩固阶段。

（二）具体辅导过程：

1.第一次辅导

时间：2019年5月13日中午12：00

地点：心理辅导室

目的：

（1）了解李某基本情况。

（2）建立良好的辅导关系。

（3）初步确定评估诊断。

（4）制订辅导目标。

方法：摄入性谈话

过程：

（1）交谈中，让李某了解心理辅导教师能为学生做什么，在哪些方面能帮到学生，从而打消他认为找到心理辅导教师的学生，一定是心理有问题的想法。同时介绍辅导中的有关事宜及辅导原则和规则。

（2）通过摄入性谈话了解李某基本情况，探寻心理问题的原因。

（3）向李某介绍心理辅导方法，让其了解高效率学习训练技术的基本理论。

（4）共同协商制订辅导目标。

（5）为该学生讲解腹式呼吸的作用及如何进行腹式呼吸训练。

（6）布置作业：李某回家后每天在家反复练习腹式呼吸。

2.第二次辅导

时间：2019年5月16日中午12：00

地点：心理辅导室

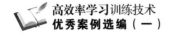

目的：

（1）加深辅导关系。

（2）认识自身的不合理信念。

（3）学会合理评价。

方法：会谈、合理情绪疗法

过程：

（1）运用合理情绪疗法找出李某认识中不合理的信念，心理辅导教师向来访者解说合理情绪疗法关于ABC理论，李某表示能够接受这种理论以及对自己问题的解释。

（2）根据李某的情况，心理辅导教师使用抬手法为他做了暗示感受性测试，两只手的位置变化较大，属于言语型。

（3）在李某正确练习多次腹式呼吸后，做渐进式放松训练。

（4）协商在以后的辅导中，进行高效率学习训练中的专注力训练。

（5）布置作业：李某回家后每天在家听一些轻松愉快的音乐，反复练习腹式呼吸。

3.第三次辅导

时间：2019年5月20日中午12：00

地点：心理辅导室

目的：

（1）加深辅导关系。

（2）了解反馈信息。

（3）专注力训练。

方法：会谈、高效率学习训练技术

过程：

（1）反馈：上次做完渐进式放松训练，回家后背就不疼了。每天做腹式呼吸练习，心情平静，很舒服。

（2）介绍高效率学习训练技术提升专注力的方法和过程，了解几个通过高效率学习训练技术成功的案例。

（3）运用高效率训练技术对来访者进行专注力的训练。过程如下：

①导入：运用渐进式放松方法，将来访者导入催眠放松状态。

②测试：用抬手臂的方法测试放松程度。

③加深：利用数数字"下楼梯"的方法加深放松状态。

④进入高效率学习状态：背10分钟英语书记忆单词。

⑤固化：利用语言引导，加深效果。

⑥催眠后暗示：眼睛明亮，头脑清醒，心情愉悦。

⑦唤醒。

（4）学生醒来后，身体很舒服，头很清醒。教师对他所背的单词进行了测试，完全正确的有11个，另有8个单词写错1个或2个字母。该生说他平时10分钟根本背不出这么多单词，高效率学习训练效果很明显。

（5）布置作业：做腹式呼吸练习及渐进式放松训练。

4.第四次辅导

时间：2019年5月23日中午12：00

地点：心理辅导室

目的：

（1）了解反馈信息。

（2）专注力训练。

方法：　会谈、高效率学习训练技术

过程：

（1）了解反馈信息，作业完成情况。

（2）运用高效率训练技术对来访者进行专注力的训练。过程如下：

①导入：运用渐进式放松方法，将来访者导入催眠放松状态。

②测试：用抬手臂的方法测试放松程度。

③加深：利用点按"中府穴"的穴位加深方法，加深放松状态。

④进入高效率学习状态：做20分钟地理卷子，顺利完成，平时大约40分钟能做完一套卷子。

⑤固化：利用语言引导，加深效果。

⑥催眠后暗示：眼睛明亮，心情愉悦，头脑清醒。

⑦唤醒。

（3）学生醒来后，检查做完的题，共完成47道题，其中选择题40道，其他为填空和看图识图填空，一套卷子只差2道题没有完成，训练效果明显。

（4）布置作业：继续做腹式呼吸练习及渐进式放松训练。

5.第五次辅导

时间：2019年5月27日中午12：00

地点：心理辅导室

目的：

（1）了解反馈信息。

（2）专注力训练。

方法：会谈、高效率学习训练技术

过程：

（1）了解反馈信息，作业完成情况。

（2）运用高效率训练技术对来访者进行专注力的训练。过程如下：

①导入：运用渐进式放松方法，将来访者导入催眠放松状态。

②测试：用抬手臂的方法测试放松程度。

③加深：利用数字下楼梯的方法加深放松状态。

④进入高效率学习状态：背15分钟地理知识点。

⑤固化：利用语言引导，加深效果。

⑥催眠后暗示：眼睛明亮，心情愉悦，头脑清醒。

⑦唤醒。

（3）布置作业：继续做腹式呼吸练习及渐进式放松训练。

6.第六次辅导

时间：2019年5月31日中午12：00

地点：心理辅导室

目的：

（1）巩固辅导效果。

（2）结束辅导关系。

方法：会谈

过程：

1.作业反馈：了解自我训练的进行情况、效果、感受，对于不适当的地方给予辅导。

2.指出努力的方向：记住高效率学习状态的感觉，每次学习能快速进入高效率学习状态。

3.结合学习目标，增强学习动力与自信心。

4.结束辅导关系。

八、**辅导效果评估**

1.来访者自评：通过几次高效率学习中的专注力训练，不仅是学习效率提高了，还找回了自信，学习劲头更足了。

2.辅导老师观察：李某的认知更全面了，能积极看待问题，自信心增强了。

3.教师反馈：学习劲头更足了，上课状态更好了，听课回答问题积极了。

九、**辅导感悟**

本案是一例因学生学习压力大引发考试焦虑的一般心理问题，通过心理辅导教师无条件的尊重接纳来访者，并深入探讨学生心理问题发生、发展和形成的原因，心理辅导教师主要通过高效率学习训练技术与合理情绪疗法，来纠正来访学生的不合理信念，提升学习专注力，提高学习的动力与自信心，改变了来访学生的不合理观念。特别是运用高效率学习训练技术，对来访者李某进行训练与辅导，无论是考试焦虑问题，还是学习状态问题都得到有效解决，达到了预期的辅导目标。

5-6案例：
运用"高效率学习考试训练技术"处理高考生考试焦虑的案例报告

【摘要】本文是一例高三考生高考前一个月考试焦虑问题辅导的个案报告。包括了个案的资料采集、鉴别诊断、建立关系、确定目标、制订方案、实施咨询和评估效果等辅导全过程。高考属于重大生活事件，很多考生在面对这一事件时都会出现一些应激反应。适度的紧张对高考成绩有正向作用，但如果焦虑值超出合理范围，就会对学习和考试产生负向作用。本案例是一例中度焦虑水平的辅导个案。高效率学习考试训练技术，具有时效性、可操作性强的特点，对由于情绪因素、机体动能因素而影响学习效率的心理问题效果显著。本案例中运用高效率学习训练技术和合理情绪疗法为主要辅导技术，通过七次辅导，基本解决来访者的初始困扰，并对其的积极心理能力激发和人格发展都起到了一定助力作用。

【关键词】考试焦虑　高效率学习考试训练技术　理性情绪疗法

一、个案基本信息

高三女生天天（化名），19岁，体态正常，无重大疾病史，家族无精神疾病史。父亲在年轻求学时有过失败的考学经历，对她管教严格。天天本身性格温顺、懂事、勤奋、自尊心强、敏感。认为父母供养自己读书很辛苦，作为独生女，想要通过自己的努力改变家庭的现状。从小一直学习成绩很好，认为如果考试考不好，同学会瞧不起她。中考时有过失败经历。重大考试前均会感到紧张，但尚可自我调控。从高一开始一直是文科重点班班级前两名，年级前5名。与同学、老师关系融洽。

升入高三下学期，认为高考迫近了，内心稍感紧张。第一次模拟考试外语科目时，前面的同学总是叹气，一下子就影响了心情，打乱了答题节奏，阅读理解一道题都看不进去，手开始控制不住的发抖、出汗，最终成绩显示此部分连续错题10道。此后的复习过程经常会被异常声响干扰复习状态，但随后自行调控缓解。在二模考试的考场上，又因紧张导致手发抖、写不了字，心慌、出汗，头脑模糊，影响了成绩。

现在一想到考试就紧张，担心高考时自己也是这样的状态。怕考不上大学，让父母失望，让同学瞧不起。班主任先进行了咨询预约，随后，求助者本人按照约定主动来求助。

二、个案主述

天天说近三个月的4次考试，状态均不理想，尤其重大考试，没有发挥出自己真正水平。最近一个月开始对各类考试有担忧，想到高考就更加烦躁。总感到压力很大，担心考不上重点大学。同时，以往有过的中考和分班考试的失败经验，总是让她害怕会重蹈覆辙。临考前会担心，万一下次考试再有人叹气怎么办，万一考试题目不会怎么办，万一考试手再抖怎么办？还有30天就高考了，内心非常着急，因此寻求帮助。平时的自习、睡眠、饮食未有明显变化，上课偶尔走神，担心万一考试时有各种突发事件的发生。

三、观察、评估与诊断

观察：该生举止得体，说话时思路清晰，言语表达清楚，能很快理解老师所传递的信息，学习领悟能力很强，但有很明显的焦虑情绪，情绪低落，表现出爱叹气，不停地搓手、摸嘴角，会问"这可怎么办啊？"。

班主任老师介绍该生成绩优秀，不服输，如果不出现意外情况应属重本名校招生范围，最近一个月听课状态不好，考试成绩不稳定。

评估：综合所收集的资料，求助者智力正常偏上，自知力完整，个性稳定，能主动寻求帮助，无感知异常，无幻觉，妄想等精神病症状，持续时间不超过一个月，症状无迁移和泛化，因此排除精神病、神经症和严重心理问题。

同时，心理测验结果：Sarason考试焦虑量表测试，显示原始分19分，标准分19分，提示中等程度考试焦虑。

诊断：求助者主要问题是由马上高考这一生活事件，引发的不良情绪反应和行为不适。主要表现在对考试和以往经历存在非理性信念，同时未能很好自我调控心理能量，未能从几次考试失误中解脱出来，从而有了考试焦虑的情绪，属于心理辅导的范畴。

四、制订辅导目标与方案

辅导目标：根据评估与诊断，同求助者协商，确定辅导具体目标为帮助求助者天天分析对于考试本身和考试结果所存在的非理性信念，尽可能地减少不合理信念所造成的情绪困扰与不良行为的后果，缓解求助者的焦虑、担心和恐惧等情绪。学会运用高效率学习考试训练技术，初步控制心理紧张，提升学习和考试效率。远期目标为：并进一步增强求助者天天的心理能量，完善个性，学会合理认知，增强自信和应对挫折能力。

辅导方案：根据天天的客观实际情况，包括距离高考时间和备考后期考试频率、典型心理行为特征，年龄特征，拟定采用高效率学习考试训练技术、理性情绪疗法相结合的辅导方法进行辅导。原因如下：

一是求助者的心理问题表面是考试焦虑，但引发焦虑的因素是内在的错误认知及不合理信念，同时也缺乏相应的应考策略。

二是高三考试频率高，高考距离还有30天，如果不及时调整求助者的认知和考试状态，下一次糟糕的考试成绩会强化她的焦虑，进而影响最终的高考。

三是两种辅导方法相结合，可操作性、时效性、目标性较强。高效率学习训练技术一般用于考试焦虑处理，10多次辅导效果就会呈现出来，但对于此类考前不足一个月才来的案例，时间紧张，可能并不能按照疗程进行，所以直接处理情绪，甚至是直接隔离，否则来不及。

五、辅导过程

整个辅导过程分为七次辅导三个阶段：

1.第一次辅导：诊断评估与关系建立阶段

时间：2019年的5月8日

时长：50分钟

目的：了解个案情况，建立辅导关系，确定主要问题、探寻改变意愿、进行辅导分析。

方法：会谈法和心理测验。

过程：辅导初始，用摄入性会谈法收集相关资料。通过倾听和共情，无条件地积极关注，与求助者天天建立了良好的咨询关系。通过Sarason考试焦虑量表测试，显示原始分19分，标准分19分，提示中等程度考试焦虑，初步确定了求助者的主要问题所在。运用解释技术，向天天解说合理情绪疗法的ABC理论，使天天认识到事件—看法—情绪—行为—结果之间的关系，结合自己的问题给予初步的分析，让其理解"为什么会出现这样的情况"。

布置作业：让天天利用晚自习时间反思并记录下自己对于考试的看法，以及考试时内心想法及身体、情绪的变化情况，越详细越好。目的在于引导求助者领悟引起焦虑的不是考试这件事本身，而是其对考试的认知和看法。同时，引导求助者天天理清自己对考试的真实想法。

小结：本次辅导，收集了来访者基本资料，建立了咨访关系，并初步商定辅导目标。

2.第二次辅导：心理帮助阶段

时间：2019年5月11日

时长：60分钟

目标：加深咨询关系，找出不合理信念，建立积极认知，学会放松。

方法：会谈、心理测验、放松训练

过程：通过反馈辅导作业和进一步沟通，了解求助者的担忧与不合理信念。包括如下：

一是答题考试策略僵化，要求自己答完某部分题时必须剩余多少时间，如超时、立即就慌乱，感觉剩下的时间不够，答不完试卷了。

二是考试就不应该紧张。

三是其他同学没有出现过考场有人叹气就影响答题，只有我一个人，手抖又思路全都阻断，因此我的紧张程度最重。

四是连续两次考试都失败了，高考也一定会失败了。

五是如果考不上好大学，一辈子就都毁了，考不上大学，爸爸妈妈会极度失望，同学会瞧不起我。

同时，通过《中学生考试焦虑影响因素问卷》测评，印证天天考试焦虑的诱因，与自我分析情况吻合。

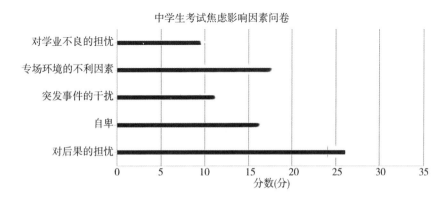

通过澄清、具体化，使天天将自己的担忧具体化。通过进一步解释ABC理论，使天天明白，自己的很多想法属于绝对化要求、以偏概全和糟糕至极的不合理信念。由于这些不合理信念，影响了自己的情绪、行为、事件结果。所以，通过讲述"平均数效应"、常见心态案例分享，引导天天学会与不合理信念质辨。同时，将质辨后的合理信念记录下来，并反复强化，置换原有不合理信念。其次，给予其考试策略指导，因时、因题安排考试时间。最后，教会天天深呼吸放松术和躯体放松训练，以备下次运用高效率考试训练技术进行干预。按照从脚至头的顺序，引导天天进行收紧放松训练。第一次完成后休息5分钟，之后再进行一次，目的是让其初步掌握放松术的要领，无论何时，当出现紧张状态时，都可以想起了应用，并能见到效果。

布置家庭作业：让天天在家里做渐进式放松训练，每天午睡和晚睡前各练习一次，每次30分钟左右。做一个训练记录表格，用1至5的级别来表示自己达到放松状态的深度。1代表最浅的放松状态，5代表最深的放松状态。由此可以了解自己的训练进展，也便于辅导教师的检查和指导。

小结：这次咨询通过找寻不合理信念并与其质辨，构建新的认知模式，辅助放松训练，帮助天天较快地缓解考试焦虑。

3.第三次辅导：心理帮助阶段

时间：5月16日

时长：60分钟

目标：继续巩固置换后的理性信念，找到天天潜藏在记忆中引起焦虑反应的刺激情境并排序。

方法：高效率考试训练技术

辅导过程：

检查求助者的收紧放松训练的记录，简单解释"高效率学习训练技术"的原理。

二、进行暗示感受性测试。经过三种测试，摇摆法、手臂抬起法，天天的感受性赋分可评为1分，而水晶球测试评分0.5分。确定当事人适用"高效率学习考试训练法"，同时属动触觉和听觉型敏感类型，选定导入方法为言语导入加穴位加深。

三、在意识状态下，呈现焦虑情境并排序打分。

1.每科考试结束前20~30分钟——90分。通过具体化技术：身心表现为：手抖、思绪混乱和空白，失误率上升、频繁换题。同时具体化表明，其实英语、语文还有剩余时间，焦虑值低；最紧张为数学最后一个导数题和综合科目最后一题。

2.临考前播放高考指令的20分钟——70分。比如手抖、心慌。但开考后可自行缓解，合理化认知解释属正常现象。

3.考试后，即全部科目结束后——60分。心情低落。其实合理认知中的"绝对会化要求"，考得好时想应该考得更好。

4.考试中，遇到难题——60分。简单题——10分，但当知道会做但做题思路打断，急于做出，因此错误率上升时赋分——60分。

5.考试中声音干扰——20~30分。初次来访时，天天主要诉求是这一条，但经过两次辅导、练习，明白这是自己内心的一种预期投射性焦虑，尝试自行干预，在前天的晚自习统练考试中此项已经较好缓解，目前赋分20-30分。

6.考试前正常备考——10分。

四、着手训练来访者进入催眠状态的能力，进行导入——唤醒训练。同时，做一点点情绪处理，帮助其修复复习状态和睡眠状态。

布置作业：继续练习收紧—放松训练，将训练时间改为作业前。

小结：这次辅导，确定了高效率学习考试训练技术的适用性，同时确定了导入方法。明晰了焦虑情境。

4.第四次辅导：心理帮助阶段

时间：5月17日

时长：60分钟

方法：高效率学习考试训练技术

目标：用积极暗示场景替代消极情绪反应，对合理信念和行为模式进行阳性强化。

辅导过程：天天特别积极地来进行第四次辅导，同时反馈，昨晚睡眠很好。

首先，通过"高效率学习训练技术"处理考试焦虑情绪。

导入放松状态。加深、测试状态。

呈现考试中诱发自己焦虑感受的一个较低级分数情境，自己处在考场中的身体感觉，比如呼吸、肌肉、心跳、出汗、思维状态、肢体动作等。

打分，唤醒后，说出、写出或画出画面或场景。

处理。打开四神聪穴位，揉按肩井穴、推开率角、进行大块肌肉放松，积极想象。

对比。前后对比打分，用积极场景替代负性情绪。

固化。

唤醒前暗示。

唤醒。

其次，教会其考场急救对策，包括膻中穴和内关穴配合深呼吸的运用，同时讲解"舌尖效应"时的相关处理方法。

布置作业：继续练习渐进式放松和深呼吸放松。

小结：本次辅导，具体处理了来访者情绪问题，同时也指导其相关考场策略。

5.第五次辅导：心理帮助阶段

时间：5月22日

时长：60分钟

目标：用积极暗示场景替代消极情绪反应，对合理信念和行为模式进行阳性强化。

方法：高效率学习考试训练技术

过程：与上次辅导相同，处理情境升为次一级和次二级焦虑情境。

布置作业：继续加深渐进式放松训练

小结：辅导效果明显，来访者积极情绪体验增强，同时反馈学习效率提高了很多。

6.第六次辅导：心理帮助阶段

时间：5月28日

时长：60分钟

目标：用积极暗示场景替代消极情绪反应，对合理信念和行为模式进行阳性强化。

方法：高效率学习考试训练技术

过程：天天第六次进行辅导，主动告知在之前的东三省名校联考中考试焦虑状态缓解很多，只在考试结束前数学一科仍有慌乱。辅导流程与上次辅导相同，处理情境升为最高级焦虑情境。

7.第七次辅导：巩固和强化阶段

时间：6月4日

时长：60分钟

方法：高效率学习考试训练技术

目标：以好的状态迎接三天后的高考，在未来的生活学习中能够正确评价自我、悦纳自我，实现自我成长和人格完善。

辅导过程：

首先整合前六次辅导所有资源信息，再次强化合理信念。

其次，运用高效率学习考试训练技术做考前训练。

导入放松状态。经过前几次不断训练，现在天天已经可以快速进入放松状态。

模拟考试现场完整过程。早上起床、睡眠状态、吃饭、去考场、发卷、答题、监考老师、同场考生等多因素多场景呈现、积极暗示、下精准指导语。

体会积极愉悦状态、加深固化。

唤醒前暗示。你知道刚才我们一起经历了一场完整的考试过程，它是清楚的、真实发生的。在三天后的考试中，你会轻松、从容地面对，会像我们今天做过的练习一样，沉着、冷静去应对。

最后，再次让求助者做Sarason考试焦虑量表，原始分9分，标准分9分，提示适度焦虑。求助者感觉一切良好，每天联系渐进式放松训练和积极自我暗示，学习效率得到显著提升，情绪状态有明显改善，考试焦虑值明显降低，最近的两次考试情绪状态良好，成绩稳定。同时，对于考试、自我有了新的、积极的认知，合理信念正在建立。

六、咨询效果的评估

求助者的自我评估：求助者情绪明显好转，复习效率提升，考试成绩稳定。在其间两次大型模考中成绩稳定在年组前两名。

老师与同学的评估：求助者复习状态良好，课堂听课状态良好，人际间积极主动性也有所提升，比之前更加乐观，平时小测提示复习效率提升。

咨询师的评估：求助者对自己的问题有所领悟，辅导后做Sarason考试焦虑量表，原始分9分，标准分9分，提示适度焦虑。求助者面对即将到来的高考，应该有一些焦虑情绪，可视为是适度焦虑。求助者学会了简单的放松方法，以应对生活和学习中的一些紧张情境。

七、总结

考试焦虑是学生常见心理问题之一，即将面对高考的高三学生更是多发群体。根据耶克斯·多德森定律，考试焦虑水平和考试成绩之间关系呈"倒U型"曲线。即在适度范围内，考试紧张程度高成绩高，但超过适度水平，紧张程度增高成绩下降，同时，任务难度也影响焦虑与成绩的关系。难度水平高的任务，焦虑适度值需更低些。因此，帮助来访者调试焦虑值对于考生的考试成绩甚至身心健康都有着重要意义。本案例中，辅导教师与来访者建立了良好的咨询关系，比较全面地了解求助者的情况，在咨询过程中应用高效率学习考试训练技术，处理负性情绪，提升学习效率；运用合理情绪疗法，认识其不合理信念，协助求助者建立理性、合理的信念和行为模式。通过引导求助者"发现—澄清—质辨—选择—成长"，最终实现自助。咨询的短期目标、长远目标达成度很高，咨询效果较好。

同时，通过本案例，辅导者的收获在于，更深刻的体会认识到：运用高效率学习考试训练技术，辅导教师对于操作的程序掌控，指导语的精准定位至为关键。运用合理情绪疗法时，求助者的悟性非常重要，辅导教师找准不合理信念并进行质辨和准确的指导是关键。辅导教师应熟练掌握辅导技术，并能灵活调试辅导过程，最终通过辅导，实现助人自助的辅导目标。心理辅导教师时刻保有对辅导工作的信心和热爱，努力扎实基本功，这既辅导者的执业操守，更应是辅导者的职业信仰。

5-7案例：

高三女生考试焦虑心理问题案例报告

【摘要】本案是对一例高三女生考试焦虑的心理问题进行辅导的案例报告，文章陈述了学生张某出现的个人成长史、原因分析和评估诊断。心理辅导老师通过运用高效率学习训练技术帮助求助者张某，通过放松训练和积极自我暗示的方式，逐步消除了她的不良情绪和行为问题，解除了她对考试的恐惧心理，并帮助张某采取以调整认知结构、消除负性情绪为核心的心理技术干预，使之恢复了正常考试状态，取得了令本人满意的效果。

【关键词】考试焦虑　放松训练　自我暗示

在与高三学生的多年的交流与接触中，我们发现，有占三分之一左右的学生曾出现过考试焦虑心理。由于对高考的后果过于担忧或是对高考的信心不足，往往导致他们在备考的过程中生理状态与心理状态不佳，从而影响他们考试时的正常发挥，最终影响到他们考试的成绩。呈现这类问题的比例，女生常常比男生要多。调节好学生的心态，给予学生一定的心理援助，是帮助学生顺利完成高考任务的重要因素之一。

一、个案基本信息

张某，女，18岁，高三学生，家中的独生女，从小身体好，成绩一直处于中等偏上位置，个性开朗，乐于帮助同学，与同学关系融洽，深得同学喜欢。从其家庭背景看，张某的母亲对她要求不高，但父亲对她要求更严格一些。她日常很少与父母沟通，性格内向。心慌，屡次去医院检查并无躯体疾病。该生从高三开始凡是大型考试到来之前都会出现一些害怕、紧张情绪，并伴有生理反应，如头晕、食欲不振等不适反应；测验过程中，听到其他人翻卷子就闹心；遇到难题就心慌，再往下即使做简单的题也没心思，结果影响了考试成绩。一般情况下，在考试的前3天就已经不能正常看书了，早上就开始心慌，食欲不振。来访时

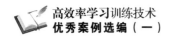

在班级排在10名左右。

二、 个案陈述

2019年5月9日，高三学生张某找到我，非常苦恼地向我倾诉："老师，又快到月考了，我好怕自己又考不好。越是担忧，越是学了也学不明白。为什么我总是看不到自己的进步？为什么每次考试，我总会觉得自己手心全是汗，脑中一片空白？过了好一阵才平静下来，第一科考试考砸了，第二科考试时想起第一堂考试的情景，心里又恨又气，又过了一阵才平静下来。恰巧父母打电话询问考试成绩，听说我考得不好很着急，一再催促我要努力学习。听了父母的话，我觉得更着急了，暗暗下定决心要努力学习，争取下次月考个好成绩，好让父母放心和高兴。然而事与愿违的是第二次月考情况更糟糕，在考试的前一天晚上就很紧张以致失眠了，第二天每科考试前都有近半个小时平静不下来，心怦怦地乱跳，手心出汗，双手发抖，脑袋里一片空白。连续两次月考溃败，班主任很生气，把我批评了一通，这一批评使我既觉得委屈又紧张。因此，一想起考试就害怕，眼看第三次月考又要来了，心里急得像热锅上的蚂蚁，万般无奈之下，只好求助于心理老师，希望老师能够帮助我克服对考试的恐惧心理，能够像其他同学一样正常地学习和参加考试。开学两个多月来一直这样紧张，纠结考试考试紧张，老师快帮帮我吧！"。

三、 观察和收集到的资料

1.心理教师观察：求助者身体状况良好，智力发育正常，交谈时声音清晰，情绪有些低落，意识比较清楚，言语表达流畅。从进入辅导室到叙述完毕，都表现得比较自如，但问到上两次月考成绩时低头不语，再问及对高考的信心时，表现出明显的焦虑情绪。

2.班主任评价：该生与学生和师长关系比较和谐。而且老师都认为她是那种进入高三能冲一把的学生，没想到她连续两次月考考得一团糟而且不只是一般的差，找她谈话，老师还没开口她就泪流满面了，很委屈似的。

3.同桌评价：求助者是个积极上进的好学生，自进上了高三后就较之前变了很多，天天忙着学习，也不经常与大家说话了，从月考没考好后一个人变化更大，成天显得很紧张，除了吃饭、休息时间就是坐在教室里看书，常常还发呆。只要学生们聚在一起讨论考试相关的话题她就很烦躁地离开。

四、评估与诊断

1.评估与诊断：张某因考试失利导致的考试焦虑问题，属于一般心理问题。

2.原因分析

生物学原因：

该生是一名18岁的高三女学生，处于青春期，性格敏感，多疑，自尊心强，医院检查没有器质性病变。

社会原因：

（1）出身农村，形成了考大学是跳出农门的唯一途径的错误认知。

（2）班主任对其成绩下降做了想当然的推断，以至不问青红皂白地批评了她，紧张的心情没有得到及时地排解，相反被强化。

心理原因：

（1）错误观念：由于高考与自己的前途命运紧密相连，使张某对考试形成了错误的认识，认为考试成绩是对自己价值的一个肯定，而考不好在班主任心目中就不是一个好学生，更对不起父母的养育之恩，这也使她对考试成绩过分看重与担忧，产生焦虑情绪。

（2）潜意识条件性情绪反射：由于对考试成绩的过分看重，张某一到考试来临之前就开始暗暗担心，因而内心非常焦虑。而这种焦虑是她本人所不能克制的。不断扩大的焦虑情绪与考试建立了条件反射，即一遇到与考试有关的情景就自发的产生消极情绪。

（3）持久的负性情绪：第一次月考的紧张心情在每次考试前出现并严重地困扰着自己。

五、**辅导目标的制订**

根据以上的评估与诊断，同求助者协商，确定如下咨询目标：

1.运用高效率学习训练技术，在平时的学习中保持轻松、愉快、高效的状态；在考试期间能以积极稳定的情绪和饱满坚定的信念、优化高效的智能进行积极应战，超常发挥并取得出乎意料的好成绩。

2.不断地把这种轻松愉快高效的精神状态与行为模式迁移到生活的方方面面，提高自觉消除紧张情绪的能力，促进其心理健康和发展，达到人格完善。

六、**辅导方案**

辅导过程分三个阶段：

（1）第一阶段是心理现状的评估和诊断阶段，与求助的学生建立良好的辅导关系，收集基本资料，进行心理水平的评估，确定具体的辅导目标。

（2）第二阶段是心理辅导阶段，帮助学生进行分析问题并寻求解决的办法，改变其不适应的或者是错误的认知；接下来，对其考试前和考试期间的焦虑情绪进行处理。

（3）第三阶段是巩固和终结阶段，该生能够顺利完成高考的全过程，并且在今后的学习和生活中，能够提高自身的心理素质，正确面对压力。

七、**辅导过程**

1.第一次辅导（5月9日第三次月考前）收集资料，建立关系。通过放松训练的练习，使其焦虑的情绪得到缓解。

（1）认知重建：首先让求助者明白现在出现考试紧张并非坏事，从某个角度来说是好事，因为早紧张早解决，月考紧张如果解决了紧张的问题那么高考就一定不会紧张，倒是有些同学平时月考应付自如，因此没有为高考怯场做好思想准备，结果高考时偏偏产生了紧张情绪，导致发挥不正常。心理老师的这个分析大大地解除了她的紧张情绪。然后帮助其认识到造成考试紧张的真正原因，帮助她去除那些不利于考试放松的想法，并建立更积极的认知模式：高考成绩的好坏是由很多因素决定的，一个人能否成功和幸福不仅仅由高考成绩决定，紧张对高考无益相反有害等。

（2）放松训练：在老师的指导下，进行渐进式肌肉的放松训练，从头到脚，通过深呼吸和自我暗示的方式，学会在考试过程中做快速的情绪放松。

（3）练习：回家反复练习渐进式放松。

2.第二次辅导（5月16日，第三次月考后）了解放松训练对求助者在月考中稳定情绪的作用，让求助者学会体验和表达在月考中的紧张心理状态，进一步建立良好的关系，利用高效率学习技术中的负性情绪处理，由第一次月考产生的负性情绪。

（1）负性情绪事件呈现：在求助者进入放松状态后，再现那个第一次月考时的紧张、焦虑的情绪的场景，心情由好到坏0～10分，打9分。

（2）穴位：打开头部"四神聪"穴，让那个9分，呈现为气态灰色的负性情绪向外排放。

（3）积极情绪事件呈现：关闭"四神聪"穴后，想象一个学习中的积极情绪，心情由坏到好0～10分，打分8分。

（4）进行情绪置换：再回到那个第一次月考时的情绪中，心情由好到坏0～10分，打分2分。

（5）固化：对学习积极情绪进行固化，在今后的学习中都会带着这种积极的情绪状态，学习效率会有很大的提高。

（6）唤醒：配合积极正向的指导语将其唤醒。

（7）留作业：用绘画的方法把自己的不好的情绪画出来。

3.第三次辅导（5月21日高考前一周）学习状态还比较稳定，利用注意力训练，增强记忆力，提高学习效率，希望在高考中能有所突破。

（1）导入：用水晶球导入的方式进行放松练习。

（2）加深：采取下楼梯的指导语进行加深。

（3）训练：导入到高效率学习状态进行提高专注力训练，选取一篇文章进行训练。

（4）固化：在今后的学习中都会带着这种注意力高度集中的状态进行学习，大大地提高学习效率。

（5）唤醒：配合积极正向的指导语将其唤醒。

（6）确认效果：醒来后再确认高效学习效果，考查书上的记忆内容。

（7）留作业：晚自习选取英语单词进行背诵，向老师及时反馈，是否比之前背诵的效率提高了。

4.第四次辅导（5月26日高考前两天）

（1）导入：利用渐进式放松的方式，使全身完全放松下来，进入到放松状态。

（2）情景模拟：考场重现和模拟考场场景。

（3）加深：调节呼吸，运用腹式呼吸进行放松练习。

（4）固化：进入自动化高考的运行模式，能够在紧急情况下应对处理，最后以积极、愉快、高效的状态迎接考试。

（5）唤醒：配合积极正向的指导语将其唤醒。

八、**辅导效果评估**

1.学生自我评价：月考时不再紧张，把月考看作是高考时也不再紧张了，做到了正常发挥。

2.家长评价：考试前没有那么焦虑了，能够有条理地进行高考前的准备。

3.班主任评价：学生对英语学习的兴趣有所提高，积极努力。最后一次月考成绩英语是44分，高考后英语成绩提高到52分。

4.同学评价：求助者又恢复了以往的状态，性格乐观，乐于助人，与同学交流正常。

5.辅导老师的评估：经过与学生的后期联系，发现已经基本达到了心理辅导的目的，学生面对考试能够轻松应对，改变了认为成绩好才能有出息的想法，建立了自信心，提高了应对能力。

　　在辅导的案例中，心理辅导老师与学生之间建立了良好的辅导关系，在与老师和学生的沟通中彼此信任，在辅导中得到了他们很好的配合。针对求助者的家庭背景、性格特点以及具体情况，在辅导过程中应用高效率学习放松训练缓解了求助者考试时的紧张情绪，取得了良好的辅导效果。

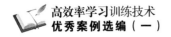
5-8案例：

一例中职生考前焦虑心理辅导的案例报告

【摘要】本案例是一名中职高三学生因考前焦虑引发的一般心理问题的辅导案例报告。求助者是一名学前教育专业高三学生，因为误看了成绩开始怀疑自我，产生自责心理，之后出现害怕读书、考试，学习效率下降等症状。心理辅导老师在和求助者商议后，采用了高效率学习训练技术对其进行干预，经过3次的辅导，求助者的焦虑情绪得到了好转，高考成绩喜人，取得了比较好的辅导效果，基本达到了预期目标。

【关键词】高三学生　考前焦虑　高效率学习训练技术

一、个案基本信息

来访者小丽，高三学生，女，18岁，独生女，身材娇小，无重大身体疾病，家族无精神病史。小时候求职者父母离异，由妈妈抚养长大，妈妈对她要求较为严格，家庭经济状况一般，中考失利，进入职业学校读书，即将参加对口升学考试。近来因升学临近，精神状态不佳，自信心丧失，心情低落，情绪沮丧，学习效率较差，前来寻求帮助。

二、个案陈述

老师，我一拿到试卷或练习试卷，脑子就一片空白，这是什么病？还有一件事，上次模拟考试后，我去检查我的数学成绩，因为我的数学成绩最差，所以我非常担心。我看到了86分，而数学老师在我们班公布的分数是68分，事实上，我看错了成绩，但我当时很伤心，我真的想在班上哭，但我还是忍住了，我开始怀疑我的眼睛，我的大脑，我不断自责，为什么我这么愚蠢，甚至分数都能看错了。初中三年级以来，这样的事情层出不穷，一直困扰着我，使我的心情很紧张，学习压力大，自信心丧失。所以中考没考好，来了职业学校。来这之后，我想好好学习，但从上个月开始，每次我拿到练习本，我的脑子里就一片空白。我过去会做的那些题现在都不会了。数学公式和英语单词都被完全忘记了，记不住了，经常失眠多梦，食欲不振。我母亲也很着急，她总觉得以我这样的状态还得和中考一样失利，我心里很痛苦。如果我不能得到好成绩，我就没脸见我的妈妈，我越着急，越觉得活着没意思，很沮丧。

三、**观察和搜集他人的反映**

（一）心理辅导教师观察到的情况：这名女生穿着校服，整洁干净，在交谈时很少和老师对视，语速适中，语言表达较为清晰流畅，表情紧张。

（二）班主任反映该生性格内向，学习努力，但学业成绩一般。

四、**评估与诊断**

（一）因面临升学引起考试焦虑问题，属于一般心理问题的初步诊断。

（二）诊断依据

由现实事件引起：父母离异，妈妈对其要求较高，但中考失利，自信心丧失，考试紧张，持续时间短，没有泛化，社会功能未受损。

（三）鉴别诊断

1.学生对自己的心理问题具有认知和情感、主客观的统一性、稳定的人格和自我认识的能力。没有幻想、妄想等精神症状，可以排除精神病障碍。

2.该生的焦虑情绪是由现实情境引发，没有泛化。情绪持续时间不长，社会功能基本没受影响，可以排除神经和严重的心理问题。

（四）来访者问题的原因分析：这是一例考试焦虑的学生。考试前焦虑是学生普遍存在的现象。甚至可以说每个学生都有考试焦虑，但程度不同。在学生中，考试焦虑的主要表现有两个：一是在考试前开始感到紧张和焦虑，二是在学习过程中有长期的学习焦虑，即在考试前表现出更大的强度。两者都是由紧张的考试情境直接触发的，但前者有良好的学习成绩，后者基本上是因为成绩总是不太好，而且对自己缺乏信心，考试焦虑实际上是一种心理焦虑，是考试结果的不良预期所经历的

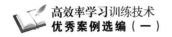

焦虑症状。考试焦虑会导致躯体或自主神经功能障碍，以及个体思维和行为的异常，考试焦虑的原因通常是主观和客观的，考试焦虑的主观原因有：

（1）学习自卑感严重，缺乏自信。

（2）不良情绪的干扰。

（3）家庭原因。

（4）社会及学校的原因。

五、辅导目标的制订

1.缓解来访者的考试焦虑情绪，使其以积极的情绪投入到即将迎来的对口升学考试中。

2.调整认知方式，改变其认为自己笨的想法。

3.帮助来访者塑造高效率的学习状态，使来访者学习时感到注意力集中、精力充沛，充满信心。

六、辅导方案的制订

辅导方法：针对该同学的考试焦虑问题，除了对该生进行焦虑原因的分析，教会其一些放松训练的方法，告知其如何宣泄，进行积极的自我暗示，转移其注意力等，重点是对其进行高效率学习训练，降低其焦虑程度，提高其学习效率。

辅导时间：每周1次，每次60分钟，共3次。

七、辅导过程

（一）辅导大致分为以下阶段：

1.诊断评估与辅导关系建立阶段。

2.实施心理辅导阶段。

3.结束与巩固阶段。

（二）高效率学习训练的具体辅导过程：

首先，导入放松状态。"现在你调整到一个舒适的姿势坐好，慢慢平静你的心情，做几个腹部呼吸，随着每一次吸气和呼气，感觉身体从头到脚都完全放松了"。

接下来模拟考试现场完整过程，继续引导："一年一度的对口升学考试明天就要开始了，考试对每位学生都很重要，有点紧张和焦虑的情绪是正常的，你今天会睡得很好，当你明天早上醒来时，你会精力充沛、精神焕发，充满信心。接下来，洗脸刷牙，穿上舒适的衣服，在镜子前给自己一个灿烂的微笑和自信的拥抱。然后开始吃饭，食物清淡、营养丰富，给你充足的热量和能量。接下来，拿着你的准考证、身份证和所有的考试用品，准备出发。你高兴地上车了，一切顺利。过了一会儿，你来到考试区，和老师合作进行安全检查。如果安全检查仪器响了，那是正常的。可能你身上有金属物品，把它拿下来再检查一遍，检查完身份信息后，你就进入考场。检查一下考试号码，找到你的座位，然后坐下。慢慢做几次腹部呼吸，情绪稳定，内心平静，轻松愉快，充满自信。当铃声响起时，监考老师发来试卷，你大致浏览一下试题的分布情况。然后，根据监考老师的要求，填写自己的姓名和学号，并将个人相关信息填写到答题卡上。铃响了，考试开始，你开始自信地答卷，你能听到老师来回走动的声音，但这不会影响你的答题。考场内外的声音也可以听到一些，也不会干扰你的考试。你现在注意力高度集中，全神贯注，答卷流畅。当你遇到一个无法解决的问题时，你也会平静地面对它。你可以通过推压你身体的风驰穴和内观穴来唤起记忆，尤其是风驰穴是记忆的仓库，按压时，潜意识会自动帮助你寻找答案。你可以先做其他的试题，然后再考虑暂时不会的题，继续答卷。你可以很容易地应付一切，因为你所学到的东西牢牢地记在你的脑海里。当你回答这些问题时，知识就像流水一样涌来，让你成功地完成测试任务。现在，您已经成功回答了所有问题并仔细检查了一遍，您感到非常满意，并且可以轻松地交卷了。此时，铃响了，你高兴地交上了答题卡，轻松地走出了考场，然后准备好了迎接下一个科目的考试，感觉真好！有了这种愉快的感觉，你将在接下来的几门考试中完成所有的题目，现在你的心情是平静和快乐的，你的身体是放松和柔软的，你可以睡得很美很香，有了这种幸福和轻松的感觉，你很快就进入睡梦中……"

"好，现在调整自己的呼吸，做几次腹式呼吸，更加轻松，体会这种轻松的感觉"。

"你知道刚才我们一起经历了一次考试的场景，它是清晰而真实的。在今后的考试中，你会轻松从容去面对，会像今天我们做过的练习一样，沉着、冷静地去应对每一次考试"

"一会儿，我会从3向上数到1，当我数到1的时候，你就会醒来，醒来以后，你会感觉精力和体力得到了很好的恢复，眼睛明亮，头脑清醒，心情愉悦，好，3，2，1！"。

八、辅导效果评估

通过反复多次的高效率学习训练技术的使用，该生在参加完省中等职业学校专业对口升学招生考试回来后反映，在考试过程中虽仍有一些紧张，但已经好多了，感觉自己好像曾经经历过高考一般，没有那么陌生和恐惧的感觉了，在答卷子的过程中确实出现了不会的题目，但自己能够从容面对了，当时记得自己通过推压自己身体的穴位时，真的记起了一些题目的内容，而且自己知道如果这道题答得不是特别满意，我可以先做其他的题目，过一会儿想起来，再继续作答。我会轻松应对考试中出现的一切状况了，我顺利圆满地完成了这次对于我来说很重要的一次考试，答完卷后我感觉非常满意，轻松交卷，愉快地走出考场，虽然现在还没有出成绩，但是我感觉特别轻松。该生的班主任全程陪伴孩子对口升学考试，回来后也反映该生在参加对口升学考试前状态相比模拟考试好很多，感觉心情没有那么浮躁和焦虑，之前一到考试就紧张得不行，总是拿着书本不停地看，其实什么也没看进去，一考她什么都不记得，有时在安慰她的时候都能感觉到她的手在抖，这次考试竟然很淡定，能和同学们说说笑笑了，明显感觉到有所变化，出考场的时候面带微笑，脚步轻盈，给人一种很轻松的感觉，问她考试的情况时，不再像以前那些回避了，能和大家一起探讨问题了。对口升学考试成绩公布之后，该生主动来心理辅导室找过我，和我分享她的喜悦心情，特别是和我畅想好多关于大学后的生活。同时据该生班主任反映，她的家长对她现在的状态很满意，高考成绩也比较满意，顺利考入了本科院校，看到她现在轻松的模样，感觉心满意足了。

九、辅导感悟

中职高三学生相对于普通高中的学生来说在学习方面承受着更大的心理压力，他们有中考失利带来的挫败感，有父母期盼带来的自责感，有方法不良带来的困惑感，为此有很多学生在考试前特别是重大考试前存在着严重的考试焦虑问题，甚至有些学生出现躯体化症状，本文求助者便是考前焦虑的典型案例。通过多年对中职高三学生的了解和辅导，发现采用高效率学习训练技术对其进行干预具有较好的效果，学生变得自信了，紧张感减弱了，内疚感消除了，成绩自然而然提高了，家长和老师也满意了，作为心理健康教师也就知足了。

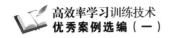

5-9案例：

一例初中生考试答不完题的辅导案例报告

【摘要】本案例是对初二女生考试焦虑的心理问题进行辅导的案例报告。心理辅导老师运用心理能量聚焦技术对其进行专注力的训练，利用心理能量裂变技术对该生进行考试焦虑处理。帮助求助者通过放松训练和认知领悟逐步消除不良情绪，解除了她对考试的恐惧心理，恢复正常的考试状态，达到了心理辅导的预期目标。

【关键词】考试焦虑　放松训练　专注力训练技术　考试焦虑调节技术

一、个案基本信息

晶晶（化名），女，13岁，初中二年级学生。她成绩中等，性格内向，进取心不强，近几年在姑姑家生活。她是足月剖宫产，身体健康，三岁开始与祖父母一起生活，父母在她八岁的时候生了一个小妹妹，自从有了小妹妹，她的心里就有了变化，认为妹妹不仅分走了父母的爱，还要独霸父母的爱，姐妹两个经常为了争宠而争吵，父亲经常因为此事教训她："你都多大了，与妹妹差了八岁，怎么就不能让着点儿妹妹呢！"，为此，她和父亲的关系很紧张。母亲可以一碗水端平，但经常被姐妹俩弄得无可奈何。小学五年级开始她大多数时间与姑姑一起生活，周末的时候回奶奶家，能帮奶奶做家务，但也会把衣服等弄得乱七八糟。前不久，回父母家一趟，回来之后，注意力不集中，学习成绩下降，各种不高兴，情绪不好，也不想和家里人说话，但还能睡着觉，食欲还行，就是害怕各类考试，一想到结业考试就坐立不安，前来求助。

二、个案陈述

我是一名初二学生，结业考试马上就要来临了，我也想努力学习考个好成绩，可是每天从家里出来都担心，今天小测验我能答完题吗？

平时我学习自己认为挺认真的，可是学习成绩不理想，就是中等生那种。可是大姑和老师对我还抱有很大的希望，总是在说只要我再努力一点，就一定能考出好成绩，这让我觉得压力很大。离结业考试仅一个多月了，最近几次考试中，我的成绩虽然仍保持在班级的中游，但是有几次居然没有答完题。现在情绪也不好，有时候为了一点小事儿就会和自己生闷气，不想理姑姑、姑父，自己也觉得不对，但是没有办法控制自己。如果继续下去，我结业考试一定答不完题的，也就一定考不好。一想到这些，我就更不想学习了。最近，我老想着这些事，注意力更集中不起来了，什么都不想干。

三、观察和了解情况

据姑姑说：学习不主动、欠认真，完成作业拖拉，一定会忙到开学的前一天晚上十点，但是能按老师的要求完成。考试时有答不完题的情况。 这个孩子由姑姑带领前来辅导，小姑娘衣着整洁，文静不喜欢说话，有礼貌。回答问题时语速慢，但是流畅，思路很清晰。

躯体方面：小姑娘没有重大生理疾病，身体方面也无不适感，没有家族精神病史及遗传病史。

人格方面：人格稳定，生活习惯均无异常。

社会功能方面：能正常地到校学习，不喜欢和家庭成员交流，和老师、同学能正常交往。

四、评估与诊断

（一）评估：综合所收集的资料，判断这个孩子智力正常，自知力完整，没有感知异常，没有幻觉，妄想等精神病症。

（二）诊断：一般心理问题，属于焦虑抑郁情绪。

1.由于家庭因素、学习压力、生活环境等现实因素导致的内心冲突，并由此体验到了不良情绪（担心、烦躁、抑郁等）。

2.这个孩子的不良情绪反应仍在理智控制之下，而且能够保持行为不失常态，基本能够维持正常的生活、学习、社会交往，但学习效率下降，烦躁情绪较重。

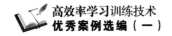
五、**分析心理因素**

（一）存在错误认知：我成绩也就那样，我肯定达不到姑姑和老师的期望，结业考试肯定考不好。

（二）情绪方面，受到焦虑、烦躁、抑郁等情绪的困扰。

（三）行为模式上，缺乏解决问题的策略与技巧，不能乐观面对生活环境变化，不能正确对待考试压力。

（四）求助者从小性格内向，缺乏自信，比较消极，个性较强，但缺乏战胜困难的勇气。

六、**辅导方案的制订**

（一）改变求助者的错误认知，使其认识到努力成绩不一定提高，但是放弃努力成绩一定会下滑，若想取得好成绩自己还需要努力；父母的爱不会因为多个孩子而减少。

（二）指导求助者进行放松训练，学会肌肉和情绪的放松，教会求助者使用腹式呼吸方法，通过放松技术进行全身放松消除杂念消除负性情绪。

（三）利用专注力训练技术对该生进行专注力的训练。

（四）利用考试焦虑调节技术对该生进行考试处理。

（五）时间为每周一次，每次50分钟，辅导次数4次。

七、**具体辅导过程**

（一）辅导大致分为以下阶段：

1.诊断评估与辅导关系建立阶段。

2.实施心理帮助阶段。

3.结束与巩固阶段。

（二）具体辅导过程：

1.第一次辅导

时间：5月5日

地点：辅导教室

目的：收集资料建立关系，进行简单的放松训练。

方法：1.肌肉收紧放松法；2.想象放松法

放松训练：指导学生通过肌肉的收紧放松，感受渐进式放松的状态的训练，过程如下：坐在椅子上，按头部、手臂、躯干、腿部的顺序，先紧张，后放松的方法，通过了解紧张与放松的不同，最终体会全身放松的状态。在紧张焦虑时进行放松训练，通过肌肉的收紧放松从而达到心理放松，通过想象和自我暗示，外加呼吸调整，快速地进行情绪放松。

作业：回家后，反复练习渐进式放松训练。

2.第二次辅导

时间：5月12日

地点：辅导教室

目的：负性情绪处理

（1）感受性测试：对该同学做感受性测试，结果该生的感受性为视觉型。

（2）导入：采用水晶球凝视法，将其导入到放松催眠状态。

（3）测试：通过测试了解其放松状态的程度。

（4）加深：利用穴位加深的方法对其放松状态进一步加深，让其在这放松的良好状态中，多待一会。

（5）负性情绪事件呈现（引导该生给负性情绪打分）。

（6）肌肉收紧放松法。

（7）询问处理后的情绪，每次回到刚才那个引起你情绪波动的画面，给情绪打分。

唤醒：配合积极正向的指导语将其唤醒。

（8）分数下降，则调整呼吸，再次进入放松状态。

（9）积极情绪事件呈现。

（10）进行情绪置换。

（11）再次呈现正向事件进行固化。

（12）进行催眠后暗示、唤醒。

作业：情绪不好时，自我进行放松训练。

3.第三次辅导

时间：5月19日

地点：辅导教室

目的：专注力的训练

（1）导入：采用水晶球凝视法，将其导入到放松催眠状态。

（2）测试：通过测试了解其放松状态的程度。

（3）加深：利用穴位加深的方法对其放松状态进一步加深，让其在这放松的良好状态中，多待一会。

（4）训练：导入到高效率学习状态。

（5）固化：进行催眠后的暗示，让其有今后学习中都会注意力完全集中，迅速地就能进入到高效率学习状态的信念。

（6）唤醒：配合积极正向的指导语将其唤醒。

（7）确认效果：醒来后再确认高效学习效果，训练书上的记忆内容。

作业：对比学习效率是否有提高，持续放松练习。

4.第四次辅导

时间：5月26日

地点：辅导教室

目的：考试答不完题处理

（1）导入到放松状态。

（2）模拟考试现场完整过程。

（3）调整呼吸，腹式呼吸放松。

（4）催眠后暗示：你遇到不会的题目时，你会淡定地把它跳过，继续完成自己会的题目，整张卷子完成之后，回来再思考自己跳过的题目。这时的你会从容应对，慢慢调整呼吸，闭上眼睛，你之前复习过的内容会慢慢地浮现出来，找到知识点作答。在考试结束之前，你已经满意答好试卷，轻松交卷走出考场；

（5）唤醒。

作业：考试后回顾考试时状态是否有改变。

八、辅导效果

1.来访者自评：很开心有个可爱的妹妹，知道在这个世界上我多了一个更加亲近的人。考试时轻松完成答卷。

2.心理辅导老师观察：通过跟踪了解来访者的认知更加全面了，能够辩证看待问题、积极看待问题；抑郁情绪基本消失；学习有目标且信心十足。掌握了放松技巧，自我调节能力提高。

3.教师报告：情绪好了很多，课上比较积极，回答问题主动；考试成绩提高。

九、辅导感悟

在本案例中，辅导老师和孩子的姑姑较为熟悉，了解求助者的基本情况，因此很容易就与求助者建立了良好的辅导关系，后续针对孩子存在的考试焦虑及专注力不良等问题，对她进行了为期一个月的辅导，取得了良好的效果。最近得知求助者在结业考试中取得了令人满意的成绩，作为辅导老师由衷地为她感到高兴，同时也为自己工作取得的成绩感到欣慰。

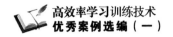

5-10案例：

一例中考前考试焦虑辅导案例的报告

【摘要】这是一例中考学生严重考前焦虑案例。心理辅导教师运用高效率学习训练技术和放松训练来调理学生的考前焦虑情绪，从而达到消除焦虑情绪，提高学习成绩的目的。经过6次咨询，取得了较好的效果。

【关键词】严重考前焦虑　高效率学习训练　放松训练

一、个案基本信息

张某，女，汉族，2004年出生，家中独生女，某初中初四年级学生。她从小与父母在一起生活，父母婚姻状况正常，家庭生活条件一般，父亲常年在外打工，母亲在家是全职妈妈，母亲特别关注孩子的学习，认为学习就是家庭生活的重心和大事，对孩子期望很高。张某性格内向，懂事乖巧，一直很努力但成绩中等。最近因为面临中考，紧张焦虑，担心中考考不好，食欲不振，浑身没劲，想睡觉不是睡不着就是总做梦。后悔当初没有更加努力，怕父母失望，烦躁不安，出现考试焦虑，无法正常答卷，泛化到上课也无法集中注意力听课的程度，学习效率受到严重影响，因此前来寻求帮助。

二、个案陈述

从这学期开始，由于中考即将临近，紧张、焦虑，担心考不上好高中，怕父母会失望，想到父母为自己付出那么多，就后悔以前没有更加努力学习，最近几次模拟考试的时候，只要一发试卷大脑就一片空白，什么都想不起来。现在不仅是考试，上课也很难集中注意力，脑子越来越乱，课后做题的时候越着急越做不出来，想着睡一会儿会好些，但是要么睡不着，要么睡着了就做梦，特别苦恼，又无处倾诉，来找心理辅导老师，希望能帮助解决自己的问题。

三、**心理老师观察了解到的情况**

该生走进心理辅导室，衣着整齐朴素，身材纤瘦柔弱，情绪低落，紧张焦虑，叙述过程中，语速较慢、语音低，能准确叙述自己的问题，自知力完好，有迫切解决问题的愿望。

从班主任处了解到，张某身体健康，无精神病家族史，本人未曾患过重大疾病。

四、**评估与诊断**

（一）综合临床资料初步诊断张某某是严重考前焦虑问题，属于一般心理问题。

（二）诊断依据

1.综合张某的所有临床症状，未发现躯体疾病，其家族无精神病病史，无重大疾病史，有主动解决问题的诉求，对症状有自知力，张某的心理活动在形式内容上与客观环境保持一致，符合统一性原则，各种心理过程间协调一致，个性相对稳定，可以排除精神病性问题。

2.张某的心理问题与考试有关，由现实刺激引发，与她面临中考的实际处境相符合，可以排除神经症性心理问题。

3.张某目前的心理问题是由于中考临近产生的焦虑，不良情绪引起泛化，但对她的社会功能没造成严重影响，并没有器质性病变，符合初步诊断，主要表现是紧张、焦虑，考试大脑空白，上课无法集中注意力。

（三）来访者问题的原因分析

1.生物因素：正处青春期，会敏感，情绪不稳定。

2.社会因素：中考临近，升学压力增大，父母期望过高，缺少沟通与关爱。

3.心理因素：性格内向，缺少情绪调节方法，有明显的认知错误。

五、**咨询目标**

根据以上评估和诊断，经共同协商初步确定如下咨询目标：

1.改善紧张焦虑的情绪表现。

2.改善考场发卷忘题状况。

3.改善上课状态。

4.增强心理能量，学习用合理的模式去处理看待生活事件，提高面对现实压力的应对能力。

六、**辅导方法及原理**

（一）辅导方法及原理

1.高效率学习训练技术是由中国高效率研究院研发的一项心理训练技术，该技术以心理学、教育心理学、心理辅导等为背景，把学生在学习中的情绪、目标、专注力、家庭正能量、考试焦虑等的几个重要因素进行实践化的操作与训练，让学生真正在轻松愉悦中达到高效率的学习状态。

2.渐进式放松训练是一种有效的减压放松的经络催眠实操方法，通过辅导老师的引导，让训练者处在一个特殊的身心放松的状态下，有效接收到的各种积极暗示和信息，引导训练者打开潜意识的大门，让训练者实现意识和潜意识的有效沟通，从而达成训练者自己预期的目的。

（二）辅导安排

辅导时间：每周1次，每次60分钟左右，共6次。

七、**辅导过程**

（一）辅导阶段大致分为：

1.诊断评估与辅导关系建立阶段。

2.心理帮助阶段。

3.结束与巩固阶段。

（二）具体辅导过程：

1.第一次辅导

时间：2019年4月22日上午10点

地点：心理辅导室

目的：建立良好的关系，探寻解决办法

方法：摄入会谈法

流程：

（1）填写辅导登记表，介绍辅导中的有关事项，明确责任和义务。

（2）通过交谈，收集信息。

（3）与张某商议确定辅导目标。

家庭作业：回家学习之前，听一些舒缓的音乐，适当做一些运动。

2.第二次辅导

时间：2019年4月29日上午10点

地点：心理辅导室

目的：暗示感受性测试和放松训练

方法：腹式呼吸训练，渐进式放松训练

流程：

（1）在良好辅导关系引领下，进行暗示感受性测试。分别用抬手法和水晶球凝视法进行测试，张某属于语言感受性较高者。

（2）放松训练。

（3）改变认知，接受不完美的自己。

家庭作业：回家每天做1次渐进式放松训练。

3.第三次辅导

时间：2019年5月6日下午2点

地点：心理辅导室

目的：了解反馈信息，处理紧张焦虑情绪

方法：放松状态下冥想训练

流程：

（1）反馈：放松训练做几次之后上课就不那么紧张了，现在可以安心听课了。

（2）导入渐进式放松状态。

（3）负面情绪事件呈现，并打分。

（4）打开"四神聪"穴位处理负面情绪。

（5）积极情绪事件呈现，情绪置换。

（6）唤醒，并进行催眠后暗示：眼睛明亮，头脑清醒、心情愉悦。

家庭作业：每天至少做一次放松训练，训练后想象能让自己高兴的事件。

4.第四次辅导

时间：2019年5月13日上午10点

地点：心理辅导室

目的：了解反馈信息，冥想训练模拟考试现场完整过程，解决考试焦虑问题。

方法：放松状态下模拟进入考场考试训练

流程：

（1）反馈：睡眠质量很好，有精神了，上课听课状态好了，做题也有思路，相信自己可以做得很好。

（2）导入渐进式放松状态，穴位加深放松。

（3）模拟中考考试过程训练。

（4）固化，睁开眼睛，再进行当时场景再回忆。

（5）唤醒，并进行催眠后暗示：我准备得很充分，可以轻松地应对中考。

家庭作业：继续做渐进式放松训练，与父母进行一次关于升高中的话题沟通。

5.第五次辅导

时间：2019年5月20日上午10点

地点：心理辅导室

目的：了解反馈信息，进行高效率学习训练

方法：高效率学习放松训练

流程：

（1）说一说自己的情绪变化。反馈与父母沟通之后打开了心结，父母也意识到了自己的问题，进行了调整，现在自己可以应对考试了。

（2）运用高效率学习训练技提升学习状态。

（3）模拟答题过程，并进行暗示，你能够保持大脑清晰、思维敏捷的高效学习状态。

（4）唤醒。

家庭作业：做高效率学习训练。

6.第六次辅导：

时间：2019年5月27日

地点：心理辅导室

目的：巩固辅导效果，结束辅导

方法：会谈法

流程：

（1）张某说一说辅导后自己的认识和变化。

（2）共同探讨，在以后的学习生活中遇到诸如此类的问题如何处理。

（3）辅导老师针对学生的需求做指导。

八、辅导效果评估

1.学生自我评估：紧张焦虑的情绪已经被积极快乐的情绪代替，中考只是人生的一个插曲，学习重要的是在努力中成长，自己的命运掌握在自己手中。

2.辅导教师观察：情绪明显好转，能够正确面对学习和生活中的困惑事件并积极处理。

3.教师的评价：她现在变得开朗多了，能正确对待考试成绩，经常与老师沟通问题。

4.父母的评价：与父母的关系更加亲密了，经常与父母聊天诉说心事。

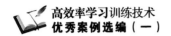

九、辅导感悟

面对考试焦虑，不仅仅要处理考试焦虑，还要处理诱发考试焦虑的其他事件，从而改变认知解决问题。放松训练和高效率学习训练可以快速聚集心理能量，可操作性强，在初中阶段的心理辅导中起着重要的作用。

5-11案例：
一个运用高效率学习训练技术进行考前焦虑辅导的案例报告

【摘要】本案例是对一名初四中考男生因青春期情绪波动答，产生考试焦虑的心理问题辅导的案例报告，通过心理辅导，该学生的考试焦虑情绪明显缓解，相应的行为问题得到改善，学习效率有所提高，基本达到了心理辅导的预期目标。

【关键词】高效率学习训练技术　放松训练　考试焦虑

一、个案基本信息

欧阳同学，男，16岁，初四，独生子，从小身体好，很爱运动，成绩一直处于上等，性格开朗，乐于帮助同学，与同学关系融洽。父母都在企业里打工，工作很忙，父母与孩子交流不多，交流只限于周末。欧阳同学平时与外公外婆一起生活，基本由外公外婆陪伴生活起居。最近，该同学不像原来那么高兴了，比平时变得话少了，整个人都没精神，有头晕、食欲不振等现象，月考过程中，听到同学翻卷子的声音就心慌，担心考试成绩下滑，爸妈带去医院检查，确实无躯体疾病。开学近两个月他一直紧张焦虑，所以前来寻求帮助。

二、个案陈述

2019年4月27日，该同学有父母带来找到我，非常苦恼地向我倾诉"老师，我最近不知道怎么了，放学也感觉苦闷压抑，有时想和同学多玩一会，可是没有时间，又快月考了，我很怕自己考不好，越是担心越是学不进去。有时我会手心出汗，脑袋里一片空白，过许久才能平静下来。这次考试越来越紧张，考完一科，到下一科考试的时候就感觉更加紧张。在我的心里觉得外公外婆对我付出很多，没有考好，怎么能对得起他们啊，父母来电话询问让我更焦虑了，第二次月考考得更糟糕，出现失眠、心烦意乱、手心出汗、双手发颤、心跳过速的现象，考试时还无法正常答题，连续两次月考都考砸了，班主任很生气，狠狠地把我批评了一通，我是既委屈又紧张，因此加剧了考试的焦虑，所以只好求助老师帮助我克服不良情绪，能让我有效的考试，让我成绩达到正常水平就太好了。开学近两个月一直很紧张，特别是看到倒计时的时间表，每到放学或要考试我都觉得特别的不舒服，有一种无名的焦虑和压抑感，这次考试更糟，所以前来寻求帮助"。

三、观察和搜集他人的反映

心理老师观察发现：

1.在爸妈的陪伴下走进工作室，该同学眉头紧锁，表情冷淡，并不说话，爸妈介绍情况，大概的意思是，我们都跟他说过很多次了，他总担心自己考不好，焦虑烦躁，搞得现在睡不着、吃不下，眼看就要中考了，之前的成绩是全校前30名，这次下滑到50多名了。

2.经医院检查测试，该同学身体和心智均发育正常，虽然情绪低落，但讲话思路、逻辑都很清晰，动作神态也都正常，说到考试状态和成绩就会眉头紧蹙，胸部起伏，会长长地吐气，表现出明显的紧张不安的状态。

四、评估与诊断

结合心理问题的诊断标准，该同学的困扰产生有两个个多月，自己的焦虑情绪不能依靠自身的能力摆脱，即使在认知上进行了调整，仍然无法改变，虽然对他的社会功能影响不大，但已经影响他的学习成绩、考试状态和生活状态，初步诊断该同学是考前焦虑情绪困扰问题，属于一般心理问题。

五、辅导目标的制订

根据以上的评估与诊断，与来访者协商，确定以下辅导目标：

1.缓解来访者的焦虑不安情绪，使其以平和积极的情绪投入学习和中考。

2.运用高效率学习训练技术，不断地把这种轻松、愉快、高效的状态与模式迁移到该同学的学习和生活之中，提高该同学的自我放松的能力，和自觉消除焦虑情绪的能力。

3.帮助该同学运用合理情绪疗法，当觉察到自己不良情绪时，能够主动运用情绪疗法自我调节情绪。

六、辅导方案

1.高效率学习训练技术

高效率学习训练技术是由中国高效率研究院研发的一项心理训练技术，该技术以心理学、教育心理学、心理动力学等理论为背景，以中国传统文化与传统中医五脏藏神为基础，从心理能量的角度，运用经络催眠技术，把学生在学习中的情绪、目标、专注力、家庭正能量和考试焦虑等几个重要因素进行实践化的操作与训练，让学生在轻松愉悦中达到高效率的学习状态，让学生真正从学习的繁忙中解脱出来，从而轻松、快乐、高效去学习。

2.合理情绪疗法（简称RET）是20世纪50年代由阿尔伯特·艾利斯（A.ElliS）在美国创立的。合理情绪治疗是认知心理治疗中的一种疗法，因它也采用行为疗法的一些方法，故被称之为一种认知—行为疗法。合理情绪疗法的基本理论主要是ABC理论，在ABC理论模式中，A是指诱发性事件；B是指个体在遇到诱发事件之后相应而生的信念，即他对这一事件的看法、解释和评价；C是指特定情景下，个体的情绪及行为结果。通常人们认为，人的情绪的行为反应是直接由诱发性事件A引起的，即A引起了C。

3.辅导安排

辅导时间：每10天1次，每次50分钟，共3次。

七、辅导过程

（一）第一次辅导：4月27日下午16：30

1.收集资料：建立关系，进行简单的放松训练，缓解其考试焦虑的情绪。

2.认知重建：首先让求助者该同学明白，现在出现考试焦虑并非坏事，从某个角度来说应该是好事，因为早发现早解决，如果提前解决了月考紧张的问题，那么中考就不会紧张。心理老师的这个分析大大地解

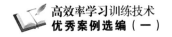
除了他的焦虑情绪。然后帮助他认识到造成考试焦虑的真正原因，帮助他去除那些不利于考试放松的想法，并建立更积极的认知模式：一个人能否成功和幸福，不仅仅由中考成绩决定，只要尽力了就没有遗憾。

3.放松训练：在心理老师指导下，让该同学体验腹式呼吸放松训练，肌肉收紧放松训练，躯体的渐进式放松训练。让他感受紧张与放松的不同，最终体会全身放松的轻松与舒适感觉。

4.布置作业：让该同学自己回家反复练习渐进式放松训练。

（二）第二次辅导：5月7日下午16：30

了解放松训练对求助者在月考中稳定情绪的作用，让该同学学会体验和表达在月考中的焦虑情绪的心理状态，进一步建立良好的关系，利用高效率学习技术中的负性情绪处理技术，处理该同学月考产生的负性情绪。

1.负性情绪事件呈现：在该同学进入放松状态后，再现那个月考时的紧张、焦虑的情绪的场景，心情由好到坏0～10分，打9分。

2.穴位处理情绪：打开头部像烟囱穴一样的"四神聪穴"，让那个9分的负性情绪排出体外。

3.积极情绪事件呈现：关闭"四神聪穴"后，想象一个学习中的积极情绪，心情由坏到好0～10分，打分8分。

4.进行情绪置换：再回到那个月考时的不良情绪中，心情由好到坏0～10分，打分2分。

5.固化：对学习积极情绪进行固化，在今后的学习中都会带着这种积极的情绪状态，学习效率会有很大的提高。

6.唤醒：配合积极正向的指导语将其唤醒。

7.布留作业：用绘画的方法把自己的不好的情绪画出来。

（三）第三次辅导：5月17日下午16：30

该同学反馈他的情绪及学习状态正趋于稳定，此次辅导侧重注意力训练，增强记忆力，提高学习效率，增加该同学应对中考的信心。

1.导入：通过"百会穴"引导进入放松状态。

2.加深：通过手臂提放检测放松程度，然后通过数数字"下楼梯法"加深放松状态。

3.专注训练：导入到高效率学习状态，用25分钟的时间背诵一篇英语课文。

4.固化：通过凝视水晶球，看到自己学习状态越来越稳定的画面或场景，信心十足的进入考场，稳定发挥，取得理想成绩，考入期待的学校的美好感受。

5.唤醒：身体轻松、眼睛明亮，头脑清醒，心情愉快。

6.反馈：该同学醒来之后，感觉内心充满了力量。

八、 辅导效果评估

我在辅导中，感觉辅导时间比较短暂，每周辅导的间隔10天左右，只辅导了三次，为了保证效果，让该同学配合听高效率学习专用指导播放器【学吧】来配合辅导，起到了较好的辅导效果，达到了预期目的。

该同学反馈：情绪稳定了，学习状态保持很好，不再胡思乱想，进入了良性循环，越来越有信心了，把中考看作和平时月考一样来对待，再也不那么紧张焦虑了，做到了考试水平的正常发挥。

同学反馈：该同学又恢复了以往的状态，性格乐观开朗，乐于助人，与同学和睦相处。

家长反馈：该同学脸上有笑容了，睡眠质量好了，不再听他唉声叹气了，考试前没有那么焦虑了，能够顺利迎接中考了。

九、 辅导感悟

在本案例中，辅导老师和该同学建立了良好关系，全面地掌握了个案的情况，了解了该同学与班主任、老师、家长及同学之间的关系。其实，60%左右的来访学生都会出现考试焦虑问题，这类问题是心理辅导教师处理来访者的基本判断。初四的孩子多数因为考省重点、去哪所高中、去什么样的环境等出现考前焦虑，对自己的未来高中生活纠结，对初中知识准备信心不足，会导致他们在备考过程中的生理状态与心理状态不佳，从而影响考试发挥不出最佳状态，最终影响到考试成绩。所以临近考试的心态调节是很重要的，给予中考学生一定心理帮助是心理辅导老师的主要职责，也是让考生考试成功的重要因素之一。通过高效率学习训练技术和合理情绪疗法，有效帮助该同学缓解了考前焦虑的情绪问题，让该同学有足够的心理能量，在整个中考冲刺过程中增强了必胜信心。本案也为今后辅导中高考的学生焦虑情绪等问题，提供了成功的辅导借鉴方案。

5-12案例：
一个运用高效率学习训练技术对学生进行考前焦虑辅导的案例报告

【摘要】心理辅导老师运用高效率学习训练技术，帮助求助者通过放松训练和积极暗示，针对一例初中生考试焦虑情绪影响学习的案例进行了心理辅导。通过心理辅导，该学生的考试焦虑情绪明显缓解，使之恢复了正常考试状态，达到了心理辅导的预期目标。

【关键词】高效率学习训练技术　放松训练　积极暗示

一、个案基本信息

屈某，男，蒙古族，13岁。某初中二年级学生，独生子，身高体态正常，无重大躯体疾病，家族无精神疾病史。屈某在小学阶段和父母一起生活，但因为父母忙于生计，没有太多时间陪伴他，进入初中以后与同班五个男同学同住在校外宿舍，周末回家。父母平时通过打电话关心他的生活和学习，对孩子寄予厚望，但父母文化有限，难以沟通具体的学习问题。最近考试过程中，听到同学翻卷子就闹心，遇到难题就心慌，再往下，即使做简单的题也容易出现马虎和错误，想不起来。结果影响了考试成绩。因考试失利，出现害怕和紧张情绪，导致焦虑不安，食欲不振，精力不足，内心苦恼，自我评价低，人际交往有回避倾向，学习效率受到一些影响，前来寻求帮助。来访时在班级排在15名左右。

二、个案陈述

开学一个多月以来，我一直很紧张，一听考试，就全身紧张，前两次月考都考得很糟，让自己很苦恼，每次考试的时候，简单的题目经常做错，马虎，不专注，慌张漏题或者干脆想不起来成了考试的最大障碍。由于长期的考试成绩不理想，导致自己越来越没有信心，最近也不愿意和同学交往，做题时有心烦，很难进入学习状态，怀疑自己的能力，付出多少努力都觉得是徒劳的。自己想提高学习成绩，但自己心里也很痛苦，父母辛苦挣钱供自己读书很不容易，考不出好成绩，无颜见

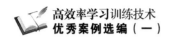

父母，越想越着急，心里很沮丧，真想大哭一场宣泄一下。

三、**观察和搜集他人的反映**

（一）心理辅导老师了解和观察到的情况：

该生穿着校服，整洁干净，头发长度适中，讲话声音清晰，情绪低落，意识清楚，接触交谈合作，言语流利思维敏锐。但问到上两次月考成绩时低头不语，表现出明显的焦虑情绪，孩子压力太大，谈话的过程中崩溃大哭。

（二）班主任反映：

该生性格外向，有责任心，是班级的班长，人缘好，比较懂事，聪明好学，学习非常刻苦认真，以前成绩在班级一直很好。最近这段时间，成绩下滑严重，经同班同学反映，该生整天忙忙碌碌，没以前那么爱与大家说话了，自从月考没考好后，整个人变化很大，每天显得很紧张，除了睡觉、吃饭就是坐在教室里看书，有时还发呆。班主任一直鼓励他，他自己默默地更加努力，可是成绩依然不尽人意。

四、**评估与诊断**

（一）屈某是因考试失利导致的考试焦虑问题，属于一般心理问题。

（二）诊断依据

1.由考试事件引起：因为几次月考成绩不理想，付出很多努力成绩仍不尽人如意；考试时出现紧致焦虑，大脑一片空白，情绪低落，怀疑自己的能力。逐渐失去自信心。

2.时程短：不良情绪持续20多天。

3.不良情绪反应仍在理智控制之下，始终保持行为不失常态，基本维持正常学习、生活，没有社会功能受损。

4.不良情绪的激发因素仅局限于考试学习事件，情绪反应尚未泛化。

（三）鉴别诊断

1.该学生知情意统一，主客观一致，个性稳定，对自己的心理问题有自知力。没有幻觉、妄想等精神病性症状，可以排除精神病性障碍。

2.该学生的情绪反应由考试情境引发，没有泛化。情绪持续时间短，社会功能基本不受影响，可以排除神经症性心理问题和严重心理问题。

（四）来访者问题的原因分析

1.生物因素：处于青春期，情绪波动大。

2.社会因素：

（1）生活事件：考试失利，付出得不到回报，考试时出现焦虑情绪影响成绩。出身农村，想要出人头地，深知考试对于农村学生的重要意义。

（2）社会支持系统不利：由于住宿，父母打电话只能关心吃穿，但学历有限，不能帮上考试学习上的具体问题，抵触来自同伴的理解和支持。

3.心理因素：

（1）个性因素：个性偏外向，自尊心极强，敏感，生活态度认真，情绪的自我调节能力尚未完善。

（2）认知原因：认为考试成绩是对自己价值的一种肯定，而考不好在班主任心目中就不是一个好学生，更对不起父母的养育之恩，这也使他对考试成绩过分看重与担忧，产生焦虑情绪，而这种焦虑是他本人所不能克制的。过度的焦虑又影响考试过程的发挥，更加剧了他的焦虑情绪。不断扩大的焦虑情绪与考试建立了条件反射，即一遇到与考试有关的情境就自发的产生消极情绪。

（3）持久的负性情绪：第一次考试的紧张心情在每次考试前出现并严重地困扰着自己。

五、辅导目标的制订

根据以上的评估与诊断，与来访者协商，确定以下辅导目标：

1.帮助屈某运用高效率学习训练技术，在平时的学习中保持轻松、愉快、高效的状态；在考试期间能以积极稳定的情绪和饱满坚定的信念、优化高效的智能进行积极应战，正常发挥并取得出乎意料的好成绩。

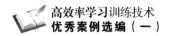
2.帮助屈某不断地把这种轻松愉快高效的精神状态与行为模式迁移到生活的方方面面，提高自觉消除紧张情绪的能力，促进其心理健康和发展，达到人格完善。

六、辅导方法及原理

高效率学习训练技术是由中国高效率研究院研发的一项心理训练技术，该技术以心理学、教育心理学、心理辅导等为背景，把学生在学习中的情绪、目标、专注力、家庭正能量、考试焦虑等的几个重要因素进行实践化的操作与训练，让学生在轻松愉悦中达到高效率的学习，让学生真正的从学习的繁忙中解脱出来。

七、辅导过程

（一）辅导大致分为以下阶段：

1.诊断评估与辅导关系建立阶段。

2.实施心理辅导阶段；首先帮助求助者分析和解决问题，改变其不适应的认知；其次缓解其对考试产生的焦虑情绪。

3.结束与巩固阶段：求助者把在辅导中学到的东西运用于今后的生活中，不断完善人格，提高心理健康水平。

（二）具体辅导过程：

1.第一次辅导：2019年4月13日上午10点（第二次考试前）

目的：了解屈某的基本情况，建立良好的辅导关系，确定主要问题，制订辅导目标。

方法：摄入性谈话，负面情绪处理技术

辅导过程：

（1）填写辅导登记表，介绍辅导中的有关事项与规则。

（2）通过摄入性谈话收集屈某的资料，探寻其心理问题的原因及改变意愿。

（3）向曲某解释其产生问题的原因，介绍心理辅导的方法。简单介绍什么是意识和潜意识及其关系，说明高效率学习训练技术是利用催眠技术对其潜意识进行工作，在潜意识工作的状态下宣泄情绪、输入正面积极的信念等，不仅能够塑造轻松、愉悦的情绪状态，还能提升学习专注力、缓解考试焦虑、提高学习效率。

（4）共同制订辅导目标。

（5）征求屈某的同意，此次辅导结束和班主任取得联系，沟通信息，以帮助他今后建立良好的社会支持系统。

（6）认知重建：学生考试前产生焦虑是常见现象，甚至可以说，每个学生都存在考试焦虑，只是程度不同而已。首先让求助者屈某明白他现在出现考试紧张现象并非坏事，从某个角度来说是好事，小考紧张如果解决了大考试就不会再紧张，有些同学平时考试不紧张，到中高考偏偏非常紧张，导致不法正常发挥。这个认知分析大大地缓解了屈某的紧张情绪。然后帮助他认识到造成考试紧张的真正原因，帮助他排解不利于考试的想法，再帮他建立积极的认知模式，考试成绩的好坏是由多种因素决定的，一个人的成功与否不只由考试成绩决定。

（7）进行暗示感受性测试，用三种感受性测试法，最后确定选择用渐进式放松加百会穴导入做训练。做一个言语渐进式放松训练。

（8）布置家庭作业求助者自己回家反复练习渐进式放松训练。

2.第二次辅导：2019年4月17日上午10点

目的：加深辅导关系，就学习方法自如应对考试等一些观念继续交谈，处理考试焦虑情绪。

方法：会谈、负面情绪处理技术

辅导过程：

（1）引导屈某反思辅导后自己的观念和情绪是否有变化。

（2）利用高效率学习训练技术中的负性情绪处理技术对抑郁情绪进行处理

①言语和"百会穴"穴位导入渐进式放松状态。

②负性情绪事件呈现：在求助者屈某进入放松状态后，再现那个第一次考试时的紧张、焦虑情绪的场景，心情由好到坏0～10分，打9分。

③穴位：打开头部像小烟囱一样的"四神聪"穴，让那个9分的，

呈现为灰色的、苦味的、颗粒状的负性情绪向外排放。心情由好到坏0～10分，打6分。再继续排一会儿。给心情打分，打4分。关闭穴位。

④积极情绪事件呈现：关闭"四神聪"穴后，想象一个学习中产生的积极情绪，心情由坏到好0～10分，打分9分。

⑤进行情绪置换：再回到那个第一次考试时的情绪中，心情由好到坏0～10分，打分3分。

⑥固化：对学习的积极情绪进行固化，在今后的学习中都会带着这种积极的情绪状态，学习效率会有很大的改善。

⑦唤醒：配合积极正向的指导语将其唤醒。

布置家庭作业：用绘画的方法把自己的不好的情绪画出来。

（3）想象让自己非常高兴的事情或场景，并记录下来，可以用语言写出来或用图画画出来。

3.第三次辅导：2019年4月23日上午10点

目的：

（1）了解反馈信息。

（2）专注力的训练。

方法：会谈、高效率学习训练技术

过程：

（1）反馈：睡觉前躺在床上做放松练习，觉得很舒服。

老师父母给了很多鼓励，觉得心情好了很多。

（2）介绍高效率学习训练技术提升专注力的方法和过程，通过高效率学习训练技术的成功案例说明其效果和作用。

（3）运用高效率训练技术对屈某进行专注力的训练，过程如下：

①使用渐进式放松和百会穴导入方法，将屈某导入催眠放松状态。

②检测：利用提手臂的方法检测放松状态。

③加深：采取"数字下楼梯"的指导语进行加深。

④训练：导入到高效率学习状态进行提高专注力训练，选取一篇文章进行训练。注意力专注的暗示：如果在暗示期间发现刘某受到其他声

音的干扰，则暗示他"周围的声音你听能到，你会把所有注意力都集中在书和我引导的声音上。"

⑤固化：在今后的学习中都会带着这种注意力高度集中的状态进行学习，大大地提高学习效率。

⑥唤醒：并进行催眠后暗示：头脑清醒、心情愉悦、精神振奋。

⑦确认效果：醒来后再确认高效学习效果，考查书上的记忆内容。

（4）留作业：晚自习选取语文课文进行背诵，向老师及时反馈，是否比之前背诵的效率提高了。

4.第四次辅导：2019年4月27日上午10点

目的：

（1）了解反馈信息；

（2）模拟考场，缓解考试焦虑，进入高效率考试状态

方法：会谈，高效率学习训练技术。

过程：

（1）运用高效率学习训练技术塑造考试时的高效状态，过程如下：

①使用渐进式放松和百会穴导入方法，将屈某导入催眠放松状态。

②检测：利用提手臂的方法检测放松状态。

③加深：采取数字下楼梯的指导语进行加深。

④情景模拟：考场重现和模拟考场场景。

⑤加深：调整呼吸，腹式呼吸放松。

固化：进入自动化考试的运行模式，能够在紧急情况下应对处理，最后以积极、愉快、高效的状态迎接考试。

⑥唤醒：并进行催眠后暗示：头脑清醒、心情愉悦、精神振奋。

（2）布置家庭作业：继续做渐进式放松训练及之后的积极想象。

5.第五次辅导：2019年4月30日下午3点（第三次考试前）

目的：

（1）巩固辅导效果。

（2）结束辅导。

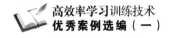

方法：会谈

过程：

（1）反馈辅导作业：反馈自我训练的进行情况、效果、感受，对于不适当的地方进行辅导。

（2）会谈：将屈某在以后的学习、考试过程中可能出现的不适应情况进行列举，和屈某一同探讨该如何处理，增强其自我解决问题的能力。学习用膻中穴、内关穴等穴位缓解考中紧张焦虑的方法。

（3）指出今后努力的方向：高效率学习状态的自我探索、情绪调节能力的提高、处理考试焦虑能力的提高等。

八、辅导效果评估

1.来访者自评："通过辅导，我的心情好了很多，对学习更有信心了，我的付出有了回报。我的学习成绩提高了。在班主任的鼓励下，更愿意为班级同学服务，做负责的班干部，同时又恢复了与同学朋友的关系"。

2.心理辅导老师观察：通过会谈和跟踪了解到来访者的认知更加全面了，理解了辩证看待问题、积极看待问题；考试焦虑情绪基本消失；即使有些紧张也能轻松应对，对考试有了正确的认知，对学习更有信心并且掌握了高效学习状态的塑造方法；，自我意识更加清晰、自信心有所提高。

3.教师报告：来访者情绪状态好了很多，听课比较积极，主动回答问题；学习更努力了。对班级更负责，工作也更加积极。

九、心理辅导感悟

通过回访和跟踪，发现辅导已基本达到预期目标，求助者屈某的考试焦虑问题已解决，帮助他改变了自己的不良认知模式，增强了自信心和适应能力。对于初中生而言，不论是情绪问题还是学习问题都可以进行高效率学习训练，因为高效率学习训练技术的程序之中包含着渐进式放松训练，在解决学习问题的时候，他们的情绪问题也随着得到了很好的处理。本案例中的学生本身是一直很努力的孩子，只是总得不到预期的结果，因此而怀疑自己的能力，不自信并且导致注意力不能集中，经常出现马虎的现象。经过几次训练，孩子能够正视并接受自己的不良情绪，同时我们又讨论了一些学习的方法和技巧，比如多理解少死记硬背，每个单元的复习，学着画思维脑导图，在头脑里形成系统，形成知识网络，孩子很健谈，也愿意和我一起探讨。第三天就是本校的期中考试，我监考，我偷偷地观察，状态还真不错，他考完交试卷的时候，我说你做得很好。成绩下来了，政治79，提高了14分，他很高兴，数学提高了9分，其他科目也都有小幅度的提高，有了明显效果，孩子更加积极配合做高效率考试训练了。接下来的时间我会带领他做注意力的训练，孩子最近一段时间状态非常好，学习起来也更有信心了。我相信下次期末考试，他会有更大的进步。

附　　录

附录1

【学吧】简介
《高效率学习考试放松训练系统——学生身边的心理专家》

国家重点课题"素质教育中高效率学习的心理机制研究"专家组成果表明，高效率学习的五个心理因素：选择性注意、元认知、非智力因素、学习策略和内隐认知。通过有效的干预和调整选择性注意、元认知，提高非智力因素对学习的正向积极影响，能够使学生在短时间内，在脑海里创造和形成良好的学习场景，优化和提高学生的问题情境及认知灵活性主效应，从而达到高效率学习的目的。

ELR——高效率学习训练技术，是全国专家协作组，历时十年实践应用，一线教师在不同年龄阶段的学生中开展高效率学习放松训练，考试成绩均取得大幅度的提高。高效率学习放松训练，能有效地参与和干预以上五个心理因素的全部活动过程，让学生在较短的学习时间内获得更多的学习内容和效果。让学生的学习变得轻松愉快高效，取得理想的考试成绩，还能节省出大量的时间，从事自己喜欢的社会活动，让自己梦想得以实现。为孩子轻松愉快高效的学习开辟了一条有效的途径，可以帮助孩子考上理想的学校，并促进孩子人格的健康发展。

高效率学习放松训练系统，是专门为学生研发的自助训练系统。本系统依据心理学、生理学、教育学等学科的相关理论，设计出一套适合调整学生紧张的情绪，放松身心，提高学习效率的训练系统。学生在放松状态下，全身的肌肉张力下降，呼吸频率和心率平缓，血液循环有效改善，全身温暖舒适，心情轻松愉快，能迅速地恢复体力和精力。在这种状态下可以保持有效的注意力，思维敏捷，记忆力提高，能有效地提高学习效果。坚持训练，学习与考试效率可以提高数倍，是学生们身边的心理专家！让学习考试变得轻松、愉快、高效！

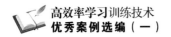

1.渐进式放松训练（训练时长约13分钟）

此项训练可以消除学生身心的紧张和疲劳状态，是所有放松训练的基础，能提高对催眠的易感性，进行其他训练项目时效果更显著。渐进式放松训练要循序渐进地进行。上午8时——10时为最佳训练时间，选择一个舒服的环境坐好或躺好，跟随指导语，从头部到脚逐一放松，全程体验到放松的效果。每个人的感受性不同，感觉放松的程度不同，即使暂时体验不到也没有关系，慢慢多做几次训练就好了。此项训练也可以作为学生课间放松休息使用。

2.学生午间放松休息训练（训练时长约30分钟）

此项训练适合学生在午间休息的时候使用，时间约30分钟，能够消除疲劳，迅速恢复体力和精力。催眠状态下的放松休息的效果是正常睡眠的三至五倍。选择一个相对安静的环境，坐着或躺着，跟随指导语，进入放松、宁静和舒适的状态。使用过程中如果有听不到指导语或者音乐的情况，属于正常现象。如果唤醒指导语也听不见，需要设定其他唤醒方式（可人为唤醒或闹钟唤醒），以免耽误上学时间。

3.高效率复习和完成作业的训练（训练时长约43分钟）

高效率复习和完成作业训练系统，能够使学生在短时间内，在大脑里创造和形成良好的学习场景，优化和提高学生的学习问题情境及认知灵活性效应，从而达到高效学习的目的。复习和完成作业的训练，是要加深理解及巩固所学习的知识，把短时记忆转化为长时记忆，最关键的是要在应用的时候，让学生在考试的时候可以轻松快速的提取学习过的知识。轻松愉快高效的学习状态，就是高效率学习场效应打造的过程。通过训练，帮助你调整到轻松愉快，头脑清晰，思维敏捷的高效率学习状态，在这样的状态下开始复习和完成作业，能够在短时间内高效率、高质量地完成作业和复习目标，学习效率可以提高数倍甚至几十倍，还能节省出时间去放松休息或做自己喜欢的事情，达到事半功倍的效果。

此项训练开始前，先准备好复习资料或需要完成的作业，放在桌子上，然后坐着或躺着（如有条件可准备催眠椅），按照指导语做放松，进入催眠状态后，按照指导语的引领，睁开眼睛，坐直身体，开始复习或完成作业，15分钟左右，然后放下作业，再跟着指导语放松几分钟后，再次来到课桌前开始复习或完成作业，15分钟左右，随后再次跟着指导语放松，直到唤醒。多次训练后，可以根据自己的情况，调整放松休息和复习或完成作业之间的时间间隔。此项训练可以由老师、家长和同学协助进行。如果自我练习控制不好时间间隔，可联系当地高效率学习训练技术指导老师，进行面授指导训练。

4.学生高质量睡眠放松训练（训练时长约9分钟）

放松引导下的深度睡眠状态，能有效提高睡眠质量，其效果是正常睡眠的三至五倍。高质量睡眠训练可以有效缓解学生由于睡眠时间不足而引起的身体和情绪的不良反应，从而影响学习效率的问题，特别是由于焦虑情绪引起的失眠现象，治疗效果比较显著。此项训练适合睡前使用，穿着宽松衣服，躺好，关闭灯光，跟随高质量睡眠休息指导语进行。如果走神或被外界打扰也不要紧，可跟随指导语重新开始，当指导语和音乐停止的时候，就会进入自然的睡眠状态。

5.缓解考试焦虑训练（训练时长约17分钟）

考试焦虑情绪是一种常见的、基本的心理体验。考试焦虑的学生大部分会感觉有不同程度的学习困难、记忆力下降、精神难以集中、注意力易于分散，以及思维似乎停滞的现象。生理上则容易疲倦、失眠、多汗、厌食、甚至引起神经衰弱等睡眠障碍，严重影响学习效率。考试时心跳加速、手脚出汗，头脑混乱，很熟的单词句子也想不起来，简单题目看了多遍，不解其意，平时考试水平在中高考时发挥不出来，无缘理想的大学，这是常见的现象。

此项训练可以有效缓解考试焦虑，提高考试成绩。最佳训练时间为上午8时——10时，尽量穿着舒适的衣服，选择一个让自己感觉舒适、安静、不受干扰的环境进行训练。在每一次考试前都可以进行训练，特别是在大考前一个月或三个月反复进行训练，效果更好。如果在训练的过程中不能很好地完成训练，可联系当地高效率学习训练技术指导老师，进行面授指导训练。

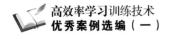

附录2

【睡吧】简介

《高效率放松减压和改善睡眠训练系统——身边的心理专家》

　　随着现代人快节奏的生活方式和激烈的市场竞争，带来的工作压力得不到有效缓解和释放，免疫系统功能就会出现问题，慢性疾病就在不知不觉中黏上我们，不但影响我们的生活质量，甚至威胁人们的生命健康。最典型的反应就是睡眠出现问题，据中国睡眠研究会抽样调查：目前我国睡眠障碍患者约有3亿人，睡眠不良者高达5亿人，其中3亿以上的人群生活在城市。成年人中约有50%的人群有过睡眠不良经历，而职业女性中更有高达80%的人受睡眠不良困扰，中老年人中受此困扰的也为数不少。人生的1/3是在睡眠中度过，睡眠质量好坏直接影响健康甚至寿命。为此，睡眠与健康的问题日益受到人们的普遍关注。另一方面，随着物质生活的日益丰富，人们的健康理念也更加成熟，非药物和无损伤的宣泄和调节压力状态方法是人们一直寻找和追求的目标。

　　【睡吧】—高效率放松减压和改善睡眠训练系统，是由国家职业技能经络催眠师专家团队，在生物学、物理声波和中医经络及五脏调神理论基础上，专门研发的特殊的引导语和声波组成的放松减压系统。无损伤，非药物、简单、灵活方便使用的改善睡眠质量的导引系统。具有疗效快、见效快、无任何副作用的特点。工作中间感觉疲劳后，使用十分钟就能够明显感觉到精力和体力快速得到了恢复。通过几次训练，睡眠质量就能得到明显的改善，甚至几十年顽固性失眠都有非常好的改善效果。坚持使用，可以有效地提高工作效率，缓解因工作或生活造成的紧张压力情绪。坚持长期训练，可以疏通经络，调养气血，改善睡眠，提高身心健康质量，让工作和生活变得更加轻松、愉快！

1.渐进式放松训练（训练时长约8分钟）

此项训练可以消除身心的紧张和疲劳，是所有放松训练的基础，能提高对经络催眠的易感性，进行其他训练项目时效果更显著。选择性注意和抗干扰训练要循序渐进地进行。上午8时——10时为最佳训练时间，选择一个舒服的环境坐好或躺好，跟随指导语，从头部到脚逐一放松，细心体会这种放松的体验和感觉，全程体验到完全放松的效果最为理想。每个人感受性不同，感觉放松的程度不同，即使暂时体验不到也没有关系，慢慢多做几次训练就会好的。

2.成人工作中间放松休息训练（训练时长约10分钟）

此项训练适合在工作间隙休息的时候使用，时间约10分钟，能够消除疲劳，迅速恢复体力和精力。催眠状态下的放松休息是正常休息的三至五倍的效果。选择一个相对安静的环境，坐着或躺着，跟随指导语进入放松、宁静和舒适的状态。短时间的快速催眠放松休息，能让接下来的工作在更加轻松愉快、高效率的状态下进行。

3.成人午间放松休息训练（训练时长约40分钟）

此项训练适合在午间休息的时候使用，时间约40分钟，能够快速消除疲劳，迅速恢复体力和精力。催眠状态下的放松休息效果是正常睡眠的三至五倍。选择一个相对安静的环境，坐着或躺着，跟随指导语进入放松、安静和舒适的状态。使用过程中如果有听不到指导语或音乐的情况，属于正常现象。如果唤醒指导语也听不见，需要设定其他的唤醒方式或人为唤醒，以免耽误正常的工作时间。午休催眠放松休息可以让下午的工作在轻松、愉快、高效率的状态下完成。

4.成人高质量睡眠放松训练（训练时长约9分钟）

此项训练适合夜晚睡前使用，穿着宽松衣服，躺好，关闭灯光，跟随高质量催眠放松指导语进行。如果走神或被外界打扰也不要紧，重新跟随音乐开始做放松训练就好。指导语和音乐停止的时候就会进入自然的睡眠状态。该段训练是催眠状态导入睡眠状态的过程，没有唤醒指导语，可以直接入睡。通过训练，能够明显改善睡眠质量，第二天早上，感觉精力和体力得到了很好的恢复，整个人有一种轻松愉快舒适的感觉。

5.治疗失眠指导语（训练时长约18分钟）

失眠障碍放松训练，适合在一天的9点——10点，15点——16点之间进行，穿着宽松舒适的衣服，选择舒服的姿势坐好或躺好进行练习。多次训练以后，再使用第四个模块（成人高质量睡眠放松训练），可以有效缓解由于睡眠时间不足而引起的身体和情绪的不良反应，从而促进工作效率，提升生活质量，特别是对由于焦虑情绪引起的失眠，效果更加明显。

后　记

　　我国现有近两亿在校的中小学学生，存在着学习压力过大、厌学、怠学、睡眠不足、身体透支引发疾病等现实情况，"减负"成为学生、家长和老师一直关心的话题，但在目前体制无法改变现状的情况下，如何既能减轻学生学习负担，又能提高学习成绩，这是很多老师、家长和学生们苦苦追寻的问题。高效率学习研究院创始人胡宝伟老师，创新研发了"高效率学习训练技术"，是最可能实现这个问题的重要手段和最新尝试。2003年胡宝伟老师发起的"高效率学习考试训练技术全国专家协作组"成立，先后在不同地区、不同年级学生中开展实践研究，取得可喜成就，全国专家组十年磨一剑，在实践应用中总结出来的提升学生学习能力的应用技术，为孩子"轻松、愉快、高效学习"开辟了新路。这个技术简单易学，可操作性强，适合不同年龄阶段的学生训练。2018年5月，"高效率学习训练师"正式成为国家职业资格培训鉴定实验基地职业技能鉴定项目。这套技术主要是提高学生学习时的心理状态，聚焦学习能量的开发与提升，针对学生因负性情绪影响、学习动力模糊、注意力不集中、考前焦虑以及家庭支持系统断层等问题，导致的学生学习成绩不理想、考试无法发挥正常水平的学生群体。通过对学生进行科学性、系统性和针对性的专门训练，可以使学生快速提升自身和整体的学习状态，进而大幅度地提高他们的学习成绩。教师可运用该技术和学科教学挂钩，使教学效果事半功倍，减少学生厌学现象。家长也可以学习该技术，从而可以和孩子有效沟通，耐心帮助孩子顺利度过青春期，促进亲子关系和谐。学生参加了课程训练，可以激发他们的内在潜能，提升心理能量，改变心理状态，从而全面提高学习状态和学习成绩。

高效率学习训练技术最适合于中小学心理教师的学习实践与应用。我们找到这个突破口，用三年时间尝试着边培训推广，边实践应用，取得了可喜的成绩，中小学心理老师熟练掌握高效率学习训练技术后，与本校学生的心理辅导课程相结合，在心理辅导应用中激发学生轻松愉悦的学习状态，挖掘学生的学习潜能，保持学生终身学习的动力，提升学生的学习效率，最终提高学生的学习成绩。高效率学习训练技术分为五大模块内容，分别是：第一模块情绪调节技术（负性情绪处理）、第二模块目标调整技术（明确和细化学习目标）、第三模块专注力训练技术（提升学习专注力、增强抗干扰能力）、第四模块家庭正能量调节技术（营造良好的家庭正能量场）、第五模块考试焦虑调节技术（处理考试紧张焦虑情绪）。

高效率学习与普通学习一样，也是一种习得经验，是一个累积新觉，迁移知识的心理活动过程，不同之处是：普通学习是一种主观"被动性""接受性"和"领悟性"的身心知觉过程，而高效率学习是一种主观"能动性""创造性"和"体悟性"的智慧觉知过程，这也是"要我学"和"我要学"的本质区别。我们通过高效率学习训练技术，可以让学生达到主动、轻松、快乐、高效学习的效果。

这本个案报告选编系大庆高效率学习培训基地主任杨坤老师历时三年时间，在大庆地区针对中小学专兼职心理健康教师，开展高效率学习训练技术课程培训后的实践成果。从2018年开始，在大庆公益推广高效率学习训练师培训业务以来，先后有1000多名中小学专兼职心理健康教师学习了这门课程，并指导一些有心理咨询专业能力的骨干教师，运用高效率学习训练技术，对有各种心理困惑和问题的学生进行个案辅导，在众多的个案报告中选取具有代表性的33篇个案报告汇编成册，以此见证高效率学习训练技术相关实践研究的成果。整个文集根据课程的五大模块划分为五个部分，分别在第一模块收录了8篇个案，第二模块收录3篇个案，第三模块收录5篇个案，第四模块收录5篇个案，第五模块收录12篇个案。其中第一模块主要针对的是学生在学习过程中产生的负性情绪如何应对处理的流程，通过高效率学习训练技术，依靠科学系统的操作方法，及时缓解和降低学生的紧张、焦虑、抑郁等负性情绪，进而提升学生的心理能量。第二模块主要针对的是学生学习目标的设定及目标细化，通过学生实际情况的分析，找准个人的定位方向，规划合理可行的学习目标和人生目标，通过细化目标指导学生自觉学习的行动力，并借此引领和影响他们的未来发展方向。第三模块主要针对的是学生学习过程注意力不集中、强迫性分神的情况，通过专注力训练，以及抗干扰训练，提升学生学习的专注力和整体效率。第四模块主要针对的是家庭支持系统断层的学生，通过家庭正能量场的修通，缓解亲子沟通的障碍，化解亲子沟通的矛盾，帮助学生重建家庭支持系统，补足学生的心理能量。第五模块主要针对的是考试焦虑问题，即重大考试时出现失误的情况，或由于考试焦虑引发的心慌、手抖、出汗、失眠、记忆空白等躯体症状，导致考试无法正常发挥或发挥失常等问题，通过心理能量裂变技术，模拟中（高）考考场考试场景，有效降低考试焦虑的程度，让学生可以心平气和地面对考试，应对自如，发挥自己应有的水平。五大模块相辅相成，在处理学生个案过程中即可以独立使用，也可以根据学生的实际情况，多个模块结合配合使用，应用效果都很显著。

　　本书的出版主要是让更多的心理健康教师、家长和学生们了解到高效率学习训练技术的应用效果和未来前景，通过33个实际个案辅导中的流程应用，清晰地展现了每个模块在处理学生常见的学习问题、目标问题、考试问题、情绪问题、亲子沟通等问题中的实际应用操作方法，希望更多的人可以了解、学习和掌握高效率学习训练技术，帮助更多的学生学习、成长和进步！

　　高效率学习是学校教育、家庭教育、社会教育和自我教育一体化的系统教育，是人际和谐、交互影响的启慧教育，是自我调神、心领神会的心性教育，是自我觉知、修养得道的体悟教育。希望这些思想理念会得到越来越多人的认同与支持。我们高效率学习研究院全体同仁，在胡宝伟老师的带领下，一群人，一辈子，一条心，专做高效率学习这件事！

在此，十分感恩大庆教师发展学院的单松涛老师，带领大庆全市中小学专兼职心理健康辅导教师，高度信任，虚心学习，反复训练，大力支持，鼎力相助！

谨以此书献给在茫茫学习路上探索的众多学生、爱心家长和辛勤园丁们，希望我们可以一起成为高效率学习训练技术的推广者和践行者，帮助更多的孩子成为"最好的自己"！让学生依靠自己的能量赢在人生的终点！

杨　坤

2020年8月9日

附

本书中的案例分别由下列老师通过各自在实际辅导学生中遇到并完成的。

第一模块　情绪调节技术

1. 一例高中生不良情绪辅导的案例报告（大庆市铁人中学　苏张）

2. 一例高三学生缓解焦虑情绪的案例报告（大庆市西苑小学　单红妍）

3. 一例因负性情绪导致考试焦虑的辅导案例报告（大庆市第四十四中学　孙洋）

4. 中学生青春期性情暴躁进行情绪处理的案例报告（大庆市第二十四中学　张慧丽）

5. 一个初四学生焦虑情绪的辅导案例报告（大庆市第五十二中　陈宝华）

6. 一个初三女生负性情绪辅导的案例报告（大庆市肇源县第三中学　于南南）

7. 一个小学生负性情绪辅导的案例报告（大庆市高新区学校　刘海艳）

8. 一个运用高效率训练技术消除学生负性情绪的心理辅导案例报告（大庆市第二中学　梁志红）

第二模块　目标调整技术

1. "绝缘体"学会了放松——一例大二学生渐进式放松训练辅导的案例报告（大庆让胡路区教师进修学校 李广晶）

2. 一个初中生失眠辅导案例的报告（肇源县教师进修学校　郑强嫱）

3. 高效率学习技术让学生高效备战中考体育测试（大庆市第四十六

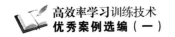

中学 李春辉）

第三模块 专注力训练技术

1. 一个小学生专注力提升辅导的案例报告（大庆龙北第二小学 张 磊）

2. 一例初中生注意力不集中辅导的案例报告（大庆市第二十五中学 张 烨）

3. 一个初中生提高专注力的辅导案例报告（大庆市兰德学校 刘 珂）

4. 一个小学生专注力辅导案例的报告（大庆市红岗区金山堡小学 李圣杰）

5. 专注力训练技术在语文工具性阅读教学中的应用实践（大庆市东风中学 丁丽娟）

第四模块 家庭正能量调节技术

1. 一个初四学生补充家庭正能量的辅导案例（大庆市第五十中学 刘 丽）

2. 高效率学习训练技术助力初中学生成功中考的案例报告（大庆市肇源县第四中学 张春梅）

3. 寻回失去的母爱—— 记一个离异家庭孩子的变化（大庆市萨东第一小学 李 岩）

4. 一例高一学生适应困难辅导案例的报告（大庆第一中学附属第一小学 郝建辉）

5. 小学生厌学个案处理的分析报告（肇源县茂兴镇中心校 郭本双）

第五模块 考试焦虑调节技术

1. 一例初中生考试焦虑的辅导案例报告（大庆市铁人学校 尹 航）

2. 一例初中生考试焦虑的辅导案例报告（大庆市第五十六中学 张永丽）

3. 一例考试焦虑辅导案例的报告（杜尔伯特蒙古族自治县第三中学 王玲玲）

4. 高效率学习考试训练技术辅导案例（大庆第一中学附属第二小学 姚洪敏）

5. 运用高效率学习训练技术辅导学生考试焦虑的案例报告（大庆市第五十五中学 于海滨）

6. 运用"高效率学习训练技术"处理高考生考试焦虑的案例报告（肇源县第一中学 郝明星）

7. 高三女生考试焦虑心理问题案例报告（大庆市外事服务职业高级中学 邬 霜）

8. 一例中职生考前焦虑心理辅导的案例报告（大庆市建设中等职业技术学校 李咸文）

9. 一例初中生考试答不完题的辅导案例报告（大庆市大同区林源小学 姜明筠）

10. 一例学生中考前考试焦虑辅导案例的报告（大庆市红岗区杏树岗中学 杨秀丽）

11. 一个运用高效率学习训练技术对学生进行考前焦虑辅导的案例报告（大庆建设中等职业技术学校 赵丽红）

12. 一例初中生考试焦虑情绪辅导的案例报告（杜尔伯特蒙古族自治县胡吉吐莫蒙古族中学 陈欣欣）